社区便利店
开店运营一本通
（图解版）

罗红兰　编著

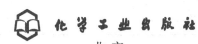

内容简介

如何开家服务社区让居民放心购物的门店？如何在激烈的市场竞争中脱颖而出？

要知道，影响社区居民对于商业服务需求满意度的因素有购物距离、价格、营业时间、服务质量、商品质量、商品品种、环境与卫生状况等。所以，在投资开店的过程中，一定要重视这几个方面。

《社区便利店开店运营一本通（图解版）》一书内容涵盖了开店前期筹备、店铺宣传造势、店铺商品管理、店铺日常管理、店铺业务拓展等内容。

本书注重实操，完全去理论化，内容简洁实用，同时板块设置精巧、结构清晰明确。既可作为专业培训机构、院校零售专业等的培训教材、培训手册，又可以作为创业投资者及门店的管理者、从业人员，以及新入职的大中专学生，有志于从事门店管理人士的随身读本。

图书在版编目（CIP）数据

社区便利店开店运营一本通：图解版/罗红兰编著.
—北京：化学工业出版社，2022.3（2025.5重印）
ISBN 978-7-122-40537-1

Ⅰ.①社… Ⅱ.①罗… Ⅲ.①零售商店-商业经营-图解 Ⅳ.①F713.32-64

中国版本图书馆CIP数据核字（2022）第000191号

责任编辑：陈　蕾　　　　　　　　　　　装帧设计：溢思视觉设计／程超
责任校对：宋　玮　　　　　　　　　　　E-mail: isstudio@126.com

出版发行：化学工业出版社（北京市东城区青年湖南街13号　邮政编码100011）
印　　装：北京建宏印刷有限公司
710mm×1000mm　1/16　印张14¼　字数263千字　2025年5月北京第1版第5次印刷

购书咨询：010-64518888　　　　　　　售后服务：010-64518899
网　　址：http://www.cip.com.cn
凡购买本书，如有缺损质量问题，本社销售中心负责调换。

定　　价：68.00元　　　　　　　　　　　版权所有　违者必究

社区商业时代来临，要把握好"最后一公里"的商机。贴近小区住户的商铺拥有稳定客户群，处于生活"最后一公里"的圈子内，凭借近距离的优势，可与消费者实现无缝对接，社区居民足不出户就能满足日常消费需求。即使面对电商冲击和商业综合体的双重压力，有社区人群支撑的商铺依然能找到自己的生存之道。

社区便利店，指在居民生活区附近开设的，为社区居民提供方便快捷购物服务的小型购物场所，主要满足本社区居民的日常生活消费，具有即时性的消费特点，现在已经成为不可或缺的城市公共服务的基础设施。

社区便利店基于社区、社群、社交的优势，可以很好地解决用户购买的时间、距离和精力成本问题，社区便利店消费是真实居住于社区内居民团体的一种购物消费行为，是依托真实社区的一种区域化、小众化、本地化的消费形式。

很多人认为，大型商超一定比社区便利店赚钱，其实这种想法很片面。社区便利店的最大优势在于便利快捷，所以在经营社区便利店的时候一定要抓住优势、发挥优势。

开社区便利店有着很好的发展市场，可是也有一部分老板总抱怨生意不好做，竞争压力大，开店成本高等，抛开市场方面的原因，很可能是自身管理、运营方面没有做好。

那如何开家服务社区让居民放心购物的门店呢？如何在众多的竞争中脱

颖而出，立于不败之地呢？有专家认为，影响社区居民对于商业服务需求满意度的因素有购物距离、价格、营业时间、服务质量、商品质量、商品品种、环境与卫生状况。所以，在投资开店的过程中，一定要重视这几个方面。

《社区便利店开店运营一本通（图解版）》一书内容涵盖了开店前期筹备、店铺宣传造势、店铺商品管理、店铺日常管理、店铺业务拓展等内容。

通过学习，可以帮助更多的创业投资者及门店的管理者、从业人员掌握经营技巧、拓展客源、提升盈利能力。

在本书的编写过程中，由于笔者水平有限，疏漏之处在所难免，敬请读者批评指正。

编著者

目录

导读 小而美的便利店也有大未来

第一章 开店前期筹备

俗话说得好，万事开头难。一家店要想顺利开张，也不是件容易的事情。只有充分重视前期的准备工作，才能真正为以后的开店事业铺平道路。

第二章　店铺宣传造势

现在已不是"酒香不怕巷子深"的时代了，对于实体店铺来说，大多都需要借助各种营销活动来宣传造势，这样可以扩大店铺的知名度和影响力，以让更多的人进入店铺消费。

第三章　店铺商品管理

便利店的经营业务是围绕着商品这个核心而展开的。加强便利店商品管理，能提高便利店竞争能力，同时保证便利店正常获取盈利。

第四章　店铺日常管理

管理对于小小的社区便利店来说也是非常重要的，完善的管理不仅可以让店铺运营得有条不紊，并且可以在无形中增加业绩。

第五章　店铺业务拓展

　　业务拓展的目的不仅是拉动销售量，更重要的是让门店得到曝光，从而进一步扩大门店的影响力，实现门店的持久发展。

小而美的便利店也有大未来

在零售业迎来巨大变革的今天，"最后一公里"催生出的社区商业新模式已经成为新的风口，"小而美"的业态也受到众多零售商的青睐，创新型小业态正迅速崛起。

一、便利店的发展现状

便利店是指在居民生活区附近开设的，以满足社区居民的应急性消费需求为目的，为社区居民提供方便快捷购物服务的小型购物场所。社区便利店现在已经成为不可或缺的城市公共服务的基础设施。

作为小型零售业态的主要发力者，便利店行业在近年来备受关注。在中国连锁经营协会与毕马威联合发布的《2021年中国便利店发展报告》（以下简称《报告》）中称，2020年，中国便利店门店规模达到19.3万家，全国品牌连锁便利店销售额为2961亿元，达到6%左右的增速。

二、便利店的政策支撑

便利店作为小型零售业态的主要发力者，政策支撑迎来新的发展方向和目标。商务部连发两文，对便利店未来发展做出具体部署：2019年12月31日，商务部等13部门联合印发《关于推动品牌连锁便利店加快发展的指导意见》；2020年7月31日商务部办公厅印发《关于开展便利店品牌化连锁化三年行动的通知》。

1. 优化营商环境

营商环境是市场经济的培育之土，是市场主体的生命之氧。为了进一步优化便利店发展的营商环境，《关于推动品牌连锁便利店加快发展的指导意见》中明确提出了如图0-1所示的优化营商环境的措施。

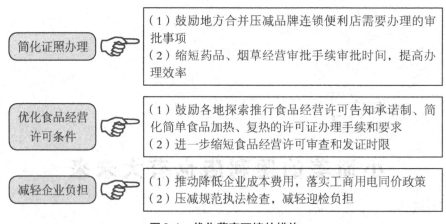

图 0-1 优化营商环境的措施

2. 明确行业发展方向

发展便利店是一项民生工程，对于促进消费升级，提升城市消费，更好地满足居民便利消费、品质消费需求具有重要的作用。为了推动便利店品牌化、连锁化、智能化发展，《关于推动品牌连锁便利店加快发展的指导意见》明确了如图0-2所示的行业发展方向。

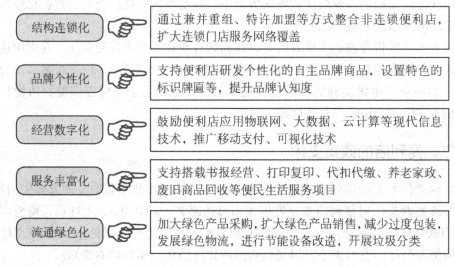

图 0-2 便利店行业发展方向

3. 提出发展目标

《关于开展便利店品牌化连锁化三年行动的通知》中明确提出如图0-3所示的发展目标。

到 2022 年

全国品牌化连锁化便利店总量达到 30 万家

销售额累计增长超过 50%

全国中等以上城市每百万人口不少于 200 家门店

连锁便利店 24 小时营业门店的比例不低于 30%（含无人零售店）

成为服务民生、便利消费的重要载体

图 0-3　便利店的发展目标

三、便利店的发展趋势

经济足够发达、临街商业资源丰富、人口教育和收入水平较高、生活节奏较快、消费习惯较现代的城市，便利店才更容易有生存发展的土壤。未来便利店的战场将越来越聚焦于社区周边的服务支持，而便利店的形态也可能出现新的变化，具体如图 0-4 所示。

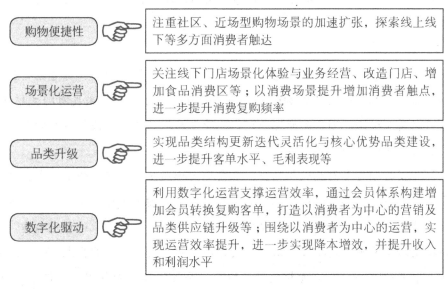

购物便捷性	注重社区、近场型购物场景的加速扩张，探索线上线下等多方面消费者触达
场景化运营	关注线下门店场景化体验与业务经营、改造门店、增加食品消费区等；以消费场景提升增加消费者触点，进一步提升消费复购频率
品类升级	实现品类结构更新迭代灵活化与核心优势品类建设，进一步提升客单水平、毛利表现等
数字化驱动	利用数字化运营支撑运营效率，通过会员体系构建增加会员转换复购客单，打造以消费者为中心的营销及品类供应链升级等；围绕以消费者为中心的运营，实现运营效率提升，进一步实现降本增效，并提升收入和利润水平

图 0-4　社区便利店的发展趋势

【附】▶▶▶ ··

商务部办公厅关于开展便利店品牌化连锁化三年行动的通知

商办流通函〔2020〕281号

各省、自治区、直辖市、计划单列市及新疆生产建设兵团商务主管部门：

便利店是服务保障民生、促进便利消费的重要商业设施，是便民惠民的重要零售业态。新型冠状病毒肺炎疫情发生以来，便利店充分发挥服务社区的优势，有力保障了人民群众生活和市场供应。为全面贯彻落实商务部等13部门印发的《关于推动品牌连锁便利店加快发展的指导意见》（商流通函〔2019〕696号，以下简称《指导意见》），进一步提升便利店品牌化连锁化水平，织密便利店网络，提高便民服务质量，激发消费潜力，商务部拟在全国范围开展便利店品牌化连锁化三年行动。

一、总体要求

（一）指导思想

以习近平新时代中国特色社会主义思想为指导，坚持以人民为中心的发展思想，坚持新发展理念和高质量发展，充分发挥市场主导、政府引导作用，聚焦影响便利店发展的关键领域和薄弱环节，完善工作机制和支持政策，通过"新建一批、加盟一批、提升一批"，加快推进便利店品牌化连锁化发展，进一步提高质量效益和便民服务水平。

（二）基本原则

坚持市场主导与政府推动相结合。充分发挥品牌连锁企业、商贸分销企业、大型电商平台的市场主体作用，加快门店布局和传统小店整合，激发市场主体活力。发挥政府在商业网点规划、营商环境优化、跨区域对接平台建设等方面的作用，加强对便利店发展的配套政策支持，优化营商环境。

坚持典型引领与全面推进相结合。在前期大中城市便利店工作基础上，总结城市、企业推进便利店品牌化连锁化的典型案例，在全国范围进行复制推广。各地以省会城市为中心，向其他市（县）拓展，全面推进便利店品牌化连锁化工作。

坚持创新发展与协同推进相结合。鼓励便利店企业创新经营模式，提升品牌化、连锁化、智能化水平。充分发挥政府、协会、企业等各方面作用，加强横向协同、纵向联动，共同推进便利店发展。

二、发展目标

到 2022 年，全国品牌化连锁化便利店总量达到 30 万家，销售额累计增长超过 50%，全国中等以上城市每百万人口不少于 200 家门店，连锁便利店 24 小时营业门店的比例不低于 30%（含无人零售店），成为服务民生、便利消费的重要载体。

三、重点工作

（一）做大便利店规模

1. 加大门店新建力度，扩大网络覆盖。鼓励各类行政事业单位开放临街房屋、办公用房、仓库等空间资源，支持便利店优化布局，加大门店建设拓展力度，推动便利店进街区社区、进商圈商业街、进医院、进院校、进机关、进写字楼、进交通站点，扩大门店服务网络覆盖。

2. 加大并购重组力度，促进结构优化。支持品牌连锁便利店龙头企业开展跨区域布局经营，通过兼并重组、特许加盟等方式整合一批自主创新能力不强、市场竞争力较弱的非连锁便利店，降低加盟门槛，推动门店规模倍增。打造一批业态高端、功能叠加的便利店，促进结构优化升级，增强抵御市场风险能力，提高发展质量和效益。

3. 加大改造提升力度，提升连锁水平。鼓励商贸分销企业、电商平台等完善品牌授权认证体系，开放渠道资源，对夫妻店、小商店等传统店进行改造提升，成为供应链驱动型的连锁便利店，在供货配送、营销推广、品牌标识、信息化系统管理等方面提供统一服务，提升集约化水平。

（二）推动提质增效

1. 推动数字化改造。鼓励便利店应用物联网、大数据、云计算等现代信息技术，推广移动支付、可视化技术，提升门店智能化管理水平。鼓励便利店建立智慧供应链，以大数据驱动商品采购、库存管理、销售预测，对断货、过期商品等异常情况提前预警，推动全链高效协同，提高运营效率。

2. 打造自有品牌。支持便利店研发个性化的自主品牌商品，设置特色的标识牌匾等，提升品牌认知度。加强与知名文娱品牌合作，打造联名产品，提升品牌价值和影响力。建设主题便利店，在设计、装修、文化等方面体现特色，提高品牌消费的人性化和舒适度。

3. 创新经营模式。鼓励便利店与线上平台开展合作，积极推进便利店 O2O 模式、供应链模式，发展网络营销、社区团购、店仓一体、网订店取、即时配送等新兴消费模式，鼓励通过自动售货柜、无人零售店等方式，延展便利店服务半径，扩大销售渠道，服务周边社区。

（三）提升服务能力

1. 优化商品供给。支持便利店扩大鲜食产品销售，提供简餐、饮品等现场制售服务。按有关规定拓展烟酒、药品等经营品类。发展生鲜便利店，增设果蔬类生鲜货柜，推广整箱进行订货、物流作业、交接货、结算的周装箱循环共用模式，丰富便利店的"菜篮子"功能。

2. 强化便民服务。鼓励便利店由经营商品向经营用户延伸，想用户所想，搭载书报经营、代扣代缴、代收代发、打印复印、配钥匙等便民生活服务项目，设置可办理缴纳供水、供电、燃气、医疗、银行等业务的服务终端设备和系统，提升便民服务水平。

3. 增强消费体验。引导便利店建立高质量服务的企业标准，优化服务流程，提升服务水平。鼓励便利店内设置就餐、休闲区域，丰富购物体验、场景体验。鼓励有条件的便利店24小时营业，提高居民夜间消费便利度和活跃度。

四、保障措施

（一）优化政策环境。抓好《指导意见》落实，进一步研究出台政策支持措施。加强部门协调合作，深化"放管服"改革，推进放宽便利店制售食品、经营烟草的许可审批条件，推动连锁便利店企业汇总纳税、简化证照办理等政策落地，优化便利店营商环境。对门店数量增长快的大型连锁便利店企业优先纳入商务部重点联系零售企业名单，对重视便利店工作的地区和赋能服务企业优先纳入小店经济推进行动试点名单，享受相关政策。

（二）完善工作机制。建立和完善与行业协会、便利店龙头企业、大型电商平台的工作联系机制，加强行业指导与联系交流。各地商务主管部门要加强对三年行动的组织领导，出台实施方案，明确工作目标、重点任务、具体举措等，建立健全工作支撑体系，做好综合协调、检查指导和总结评估。实施方案于2020年9月底前报送商务部流通发展司备案。

（三）加强企业培育。搭建便利店企业对接平台，推动大型连锁便利店企业向中西部偏远地区扩展布局，向人口密度较大、消费水平较高的乡镇下沉。进一步开放公共服务场所空间资源，为品牌企业进驻创造条件，对积极拓展市场、开展数字化改造、提高便民服务水平的便利店，各地商务主管部门要协调给予资金或配套政策支持。

（四）加强统计监测。商务部将加强对便利店发展情况的信息监测和数据统计，鼓励有关机构编制发布便利店景气指数，反映行业市场发展状况和趋势，为企业提供参考指导。各地商务主管部门要进一步加强对本地便利店发展情况的统计监测，将连锁门店数量在10家以上、以经营食品和日用品为主的便利店纳入统计范围；对于经营方式与连锁便利店接近的小型零售店、便利店、水果店、药妆店，可视情纳入统计范围；从门店数、销售额、从业人数等方面确定便利店发展情况的量化指标和统计方式。

（五）加强总结宣传。深入挖掘便利店品牌化连锁化发展的先进经验做法，优选一批典型案例，采用多种方式加强宣传报道，营造良好的社会氛围和发展环境。各地商务主管部门要加强对三年行动实施情况的总结，推动三年行动取得可量化可考核的成果。有关工作进展、统计报表和典型案例于每季度结束后十五天内报送商务部流通发展司。

商务部办公厅

2020 年 7 月 31 日

第一章

开店前期筹备

　　俗话说得好，万事开头难。一家店要想顺利开张，也不是件容易的事情。只有充分重视前期的准备工作，才能真正为以后的开店事业铺平道路。

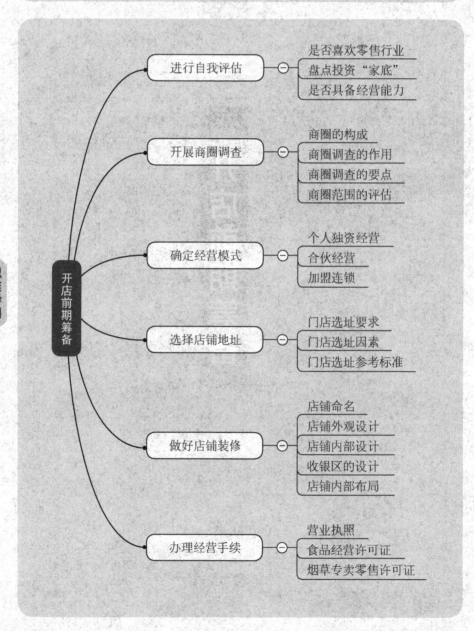

开店前期筹备

进行自我评估 — 是否喜欢零售行业 / 盘点投资"家底" / 是否具备经营能力

开展商圈调查 — 商圈的构成 / 商圈调查的作用 / 商圈调查的要点 / 商圈范围的评估

确定经营模式 — 个人独资经营 / 合伙经营 / 加盟连锁

选择店铺地址 — 门店选址要求 / 门店选址因素 / 门店选址参考标准

做好店铺装修 — 店铺命名 / 店铺外观设计 / 店铺内部设计 / 收银区的设计 / 店铺内部布局

办理经营手续 — 营业执照 / 食品经营许可证 / 烟草专卖零售许可证

第一节　进行自我评估

当你有开便利店的想法，或者是正决定开一家便利店的时候，最好要对自己进行一个客观合理的评估。在准备开便利店之前，你必须慎重考虑，正确评估自身条件是否适合开便利店。

一、是否喜欢零售行业

兴趣与爱好有助于工作的愉快和顺利开展，而热爱本职，也有利于创业成功。当然，在考虑开便利店的过程中，光凭兴趣与爱好是远远不够的，至少条件是不充分的，还必须考虑自己是否具备投资便利店的专业知识和能力等。

二、盘点投资"家底"

开便利店要支付数额不等的接管费用、押金或加盟费等，在经营过程中还要支付一定的管理费，此外还有新店装修费用、房租、设备费用、人员工资等。没有足够的资金准备，即使开业了也是难以为继。所以，开店前应盘点一下自己的家底是否够开支。

通常情况下，开店所需的资金比例为3:3:3:1。意思是总投资的30%是店铺的租金，30%是店铺装修费用，30%是品牌合作费用，余下的10%是各项杂费开支等。

三、是否具备经营能力

所谓经营能力，对于经营者来说，就要具备开便利店的能力和特质。通常而言，便利店经营者应具备的能力及特质如图1-1所示。

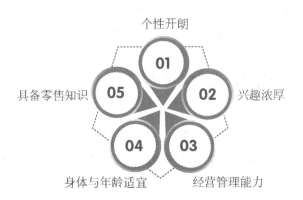

图1-1　便利店经营者应具备能力及特质

1. 个性开朗

因为便利店是服务行业，经营者的个性正好可以反映在店内的气氛上。经营者站在员工面前，引导便利店的经营，如果个性不开朗，店内的气氛就会变得较沉闷，消费者往往不会喜欢上门光顾。

2. 兴趣浓厚

有人说，兴趣是最好的老师。当然，开便利店也同样如此。对于开便利店的兴趣大小，往往影响开店成功与否。如果不喜欢，那最好不要勉强。

3. 经营管理能力

经营管理者的能力素质一般表现为：决策、组织、协调、创新、激励、用人、规划、判断、应变和社交等。

只有把这些能力素质具体运用于解决门店经营管理的实际问题时，才能转化为能力。比如说到创新能力，就是要求经营者在经营的过程中，能不断提出新设想、新方案。

现代市场经济是一种竞争性很强的经济，门店要想在竞争中处于有利的地位，就必须使门店经营活动独具特色，不断创新，以增强门店的竞争力。这就需要经营管理者对新事物具有高度的敏感性，要有丰富的想象力和宽阔的视野，要有锐意进取的雄心和勇气，要有接受和采纳新观念、新方法、新技术的胆识与气魄。

4. 身体与年龄适宜

开便利店是一项十分艰苦的工作，既是较复杂的脑力劳动，又具有较强的体力性；既有较强的节奏感，又具有较长的连续性。尤其是投资经营小型便利店，通常大小事务都要经营者亲力亲为。这些特点都表明作为一名管理者必须具备较好的身体素质，使身体经常保持健康状态。否则，就难以维持正常的经营。

一般来说，青年时期和中年时期适宜开便利店。因为这两个时期的人，其体力处于良好的状态，且智力方面也具有较强的优势。

5. 具备零售知识

作为便利店经营者，必须掌握一些必需的零售知识，这样才不至于陷入投资失败的境地。对于内行人来说，也许不是一个大问题，但对于外行人来说，却是一个关键的问题。

第二节　开展商圈调查

衡量一家便利店能否在市场中立足，商圈的调查与市场评估是十分重要的依据。

一、商圈的构成

所谓商圈，指以店铺坐落点为圆心，向外延伸某一距离，以此距离为半径构成的一个圆形消费圈。店铺的绝大部分购买力来自该区域。

商圈的描绘受各种因素的制约，其形态往往呈不规则形状，但从理论上说，商圈结构的3个层次可以用3个大小不等的同心圆来表示，其关键在于确定各层次的半径距离。具体如图1-2所示。

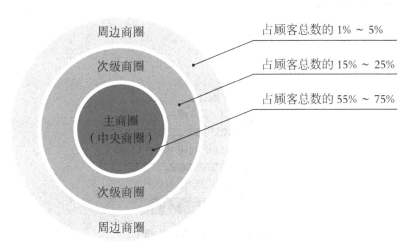

图 1-2　商圈图

以位于居民小区的店铺为例，一般以半径500米为主商圈，半径1000米为次级商圈，半径1500米为周边商圈，步行所需时间分别为8、15、20分钟左右（参见表1-1）。此外，也有来自商圈之外的购买力，如流动购买力、特殊关系购买力等。

表 1-1　商圈范围构成表

商圈构成	特点	商圈半径	步行时间	顾客比例
主商圈	核心商圈	500 米	8 分钟	一般占顾客总数的 65% 左右
次级商圈	外围商圈	1000 米	15 分钟	占来店顾客总数的 20% 左右
周边商圈	边缘商圈	1500 米	20 分钟	占顾客总数的 3% 左右

上述数字是经验数字，具体落实到每一间店铺，则需要第一手的居民调查数据作为修正依据。因为店铺经营业态、业种不同，店铺规模大小不一，其商圈半径也会有很大的差别，它并不是一成不变的。

开店秘诀

商圈大小与店铺的经营规划、经营范围、所处地段、商店信誉、交通条件等有密切关系，这些因素决定着店铺的经营辐射能力。商圈范围是店铺确定服务对象的分布、商品构成、促销方法和宣传范围的主要依据。

二、商圈调查的作用

进行商圈调查的作用如图1-3所示。

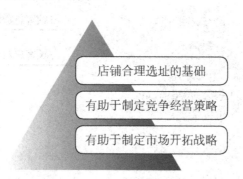

店铺合理选址的基础

有助于制定竞争经营策略

有助于制定市场开拓战略

图1-3 商圈调查的作用

1. 店铺合理选址的基础

新设店铺在选择地址时，总是力求较大的目标市场，以吸引更多的目标顾客。这首先就需要店铺经营者明确商圈范围，了解商圈详细资料，由此可见商圈分析在这一过程中的重要性。

2. 有助于制定竞争经营策略

在日趋激烈的市场竞争环境中，仅仅运用价格竞争手段作用太有限了。店铺为取得竞争优势，广泛采取非价格竞争手段，如改善形象、完善售后服务等。店长可通过商圈分析，根据顾客的要求，采取竞争性的经营策略，从而吸引顾客，成为竞争的赢家。

3. 有助于制定市场开拓战略

一个店铺经营方针、策略的制定或调整，总要立足于商圈内各种环境因素的现状及其发展趋势。通过商圈分析，可以帮助经营者制定合适的市场开拓战略，不断延伸经营触角，扩大商圈范围，提高市场占有率。

三、商圈调查的要点

商圈调查要点，具体包括图1-4所示的六个方面。

图1-4　商圈调查的要点

1. 人口数量、职业、年龄层

人口数量的调查是相当重要的，通过它可大略估计该商圈是否有该店立足的基本顾客数量。

比如，人口数量为10000人的A商圈，其上班人口及上学人口占3/5，则A商圈基本上有6000名上班人口及上学人口。

2. 消费习性、生活习惯

通过消费习性及生活习惯的调查，可得知某一形态的商业行为其现有市场量的大小。

如上例，A商圈家庭以上班族居多，调查结果显示约为80%的上班人口及上学人口会在外购买早餐，其平均客单价以5元计，则A商圈在早餐消费方面每日基本上约为2.4万元的市场量。

3. 流动人口

店铺的地理位置及流动人口的多少，直接影响该店经营的成功与否。不同时段的流动人口调查乘以流动人员入店率，可推算出顾客数量，并可粗估每日营业额。

比如，某商店所处地段每小时流动人数为500人，其入店率平均为10%（不同年龄层有不同的入店率），客单价平均为40元，则可粗估该商店每小时营业额为500×10%×40=2000元，每日营业额粗估2000×14（营业时间8:00 ～ 22:00）=28000元。

4. 商圈内基础设施

基础设施，如商圈内其他商场、超市、学校、工厂、车站、公园、写字楼等，对于招徕流动人口、增加门店来客数都有显著作用。

5. 竞争店调查

对同一商圈内同业态竞争店的调查，如其产品线、价格线、经营方向、日来客数、客单价资料，掌握得越多越翔实，就越有利于自己制定竞争对策。

6. 商圈未来发展

诸如商圈未来人口增加数，学校、公园、车站的设立，道路拓宽改造，百货公司、大型超市、住宅区的兴建计划等。

经营者可参考表1-2所示的便利店周边市场调查表来进行商圈调查。

表1-2　便利店周边市场调查

市县名		总人口		城市类别		城市面积	
便利店店址							
便利店所在城市或地区经济发展水平		□高　□中　□一般　□低					
小区资料	小区名称	小区档次	居民户数	距店距离（步行）	中低消费层居民所占比例	中高消费层居民所占比例	
消费者情况分析							
年龄层次	□老年　□中年　□中青年　□青年						
收入水平（月）	□ 3000元以上　□ 2001元～ 3000元　□ 1001元～ 2000元□ 1000元及以下						
职业情况	□白领　□工薪　□公务人员　□工商业人士　□其他						
消费特征	□注重品牌　□注重价格　□注重服务　□注重流行风尚						
	高档品牌服装店数量：□非常多　□不是很多						

消费者情况分析		
出入工具	①私家车____% ②公交____% ③其他_____	
距店距离情况（步行）占人口总数的比例	① 5 分钟内____% ② 10 分钟内____% ③ 15 分钟内____%	
便利店所在位置的交通和车流量情况	车流情况	____辆 / 小时
	店周围交通情况	□便利 □好 □一般
	门前是否有隔离栏	□无 □有
	红绿灯情况（若有请注明地点）	□无 □有 数量____ 地点：
	店门前是否停车	□可 □不可
商圈内其他服务行业和企事业单位情况		
类型	数量	详细情况（规模、人流量、经营情况）
社区服务类		
机关、院校情况		
金融单位		
医院等其他事业单位		
写字楼		
工厂类		
消费休闲类		

 相关链接

社区商圈便利店分析

社区商圈，基本以居民楼为主，顾客大部分是带着孩子的中老年人、年轻夫妇等。

小孩喜欢的商品基本是以糖果、巧克力等休闲食品为主。而陈列儿童的商品就要考虑到小孩都比较矮，糖果玩具类的如果陈列得太高孩子会够不到，因此都会选择陈列在底部一二层，小孩易够取的位置。

年轻夫妇、中老年人居家过日子茶米油盐是不可缺少的。大部分的社区便利店商品结构都是以调味品、蔬菜、水果、冷冻食品，休闲食品、杂货等居民需求的商品为主。让居民不用出小区，走进便利店就能选购自己所需求的商品，大大提高了时间上的便利。

现在新建小区的配置也都很齐全，周边幼儿园、小学、初中、商业街等一应俱全，做好这一部分顾客层的分析，能够带来一大批新顾客。

居民商圈里节庆商品必是不可缺少的。比如春节期间出门走亲戚，礼盒是少不了的。因此，要了解周边竞争店铺都卖什么礼盒，了解肉食、水果、坚果等各种礼盒在这个商圈哪个品类销售得好，做好重点商品订货及应对。

四、商圈范围的评估

1. 利用行人评估商圈

对于店铺，商圈评估的一个重要途径就是利用行人，利用行人估计商圈还有助于店址的选择。

为了更为直观地记录商圈内的人流量，最好画一张有道路网和重要设施的地图，依时间的不同，追踪预设的流向，并将其走向标示出来。在具体的操作中，需要注意以下要点。

（1）检查目前的人流趋向是否稳定，是否在道路的某侧有什么吸引顾客的设施即将建设，是否因此使人流量会有所变化。

（2）确定店址设在路直线形商圈的中间还是两端。如果周边没有集中购物设施，则可预测如果在人潮流向的起点出现大型店，则很难让顾客流向直线形商圈的终点。所以应该检查店址是否在人流通往大型店的路线上，是否有影响这条路线的大规模开发项目，以及一切有关市政规划和大型店的开店消息等。

利用行人评估商圈，需要注意图1-5所示的事项。

通常顾客数和人流量成正比，但在同一个商圈中，也存在着较大不同。因为在数条人行路线中，与主要路线距离越远，人流量也会因分散而减少，差不多每相距100米或是有岔路进来的地点，便会急剧减少

| 2 | 尤其在宽敞的十字路口或车流量特大的地方，就会产生较为强烈的反差 |
| 3 | 要留意有什么自然条件让人易于靠一边走，是否与能吸引人群的设施在一起，是否和通往目的地的道路相接，等等 |

图1-5　利用行人评估商圈的注意事项

2. 探查竞争对手情况

广义的竞争涵盖了"竞争"和"共生"，前者是指为了独占利益而你争我夺，后者则是共同分享利益，甚至通过互相合作来创造更多好处。因此，在分析商圈、调查竞争店的时候，要打探清楚自己店与附近店的商品内容功能是否相同，分析是否距离过近而互相牵制产生负面影响，或者能否通过相互合作来增加这个地区的吸引力。

通过以下步骤可以较为全面地了解竞争店的情况。

（1）通过传闻了解或亲身访查。具体包括了解竞争店距离自己店的路程，竞争店的资金、营业时间、管理人员及普通员工人数、服务方式、营业面积、停车场、商品项目、单价等一系列资料，从顾客年龄、服装、携带的物品等判断顾客阶层，店铺形象、声誉、布置、地点条件等也要充分考虑。

（2）以顾客的身份去刺探。以顾客的身份去刺探，主要内容包括竞争店商品的陈列方式，并且从陈列量了解其商品的数量、价格、质量、主要供货商等信息。

（3）有规律地调查竞争店。每周均应到竞争店掌握竞争店的顾客数、流向以及相应的时段等，并由所掌握的消费人数计算其销售额。

（4）整理调查结果和数据。根据以上所得结果整理竞争店资料，进而确定共生或竞争策略。

开店秘诀

　　对于竞争店，应该深入查访其营业面积、商品种类、员工人数及待客技巧等，通过比较发现自己的缺点。对于共生关系的店，则应该看能否更进一步开发新的顾客需求。

 相关链接

商圈范围的评估技巧

商圈会受到商品及服务质量的影响，也受能否回应顾客提出的要求的影响，可以仅就自己店里的情况划出范围，或是根据外部资料来描绘。

1.根据区域位置

如果顾客需历尽艰难才能来到你的店里，那么即使很近，这部分区域也不能算进你的商圈。相反，如果到你的店铺附近交通便捷，店里又有各具特色的商品，顾客即使要多走一点路，心理上也不觉得远，他们住的区域就可以算进商圈内。

2.根据商圈的形状

因为上下班或顺道而经常从店门前经过的人很可能会买东西，所以该顾客居住的地方也能列入商圈。而有的区域的人即使住在附近却从未光顾你的店，宁愿到远处去消费，那么他们住的区域自然也就不包含在商圈内，所以商圈的形状往往并不规则。

3.根据实际顾客乘车或步行时间

无论估计顾客以何种交通工具前来，选址时都应该亲自用走路或乘车的方式，顺着顾客平时购物的路线走一遍，看看道路的坡度、公共汽车线路及等车时间等状况。估算一下顾客坐公共汽车到你店购物，需花多少时间等车、坐车，还有对单行道等交通限制、塞车地点、塞车程度、出入停车场是否方便等，也都应该有所了解。如此沿各道路测出顾客实际上移动的距离，做出路线图，就能掌握商圈范围了。

4.修正初步估计的商圈

最后的工作就是对已初步确定的商圈进行修正，主要途径就是根据所经营的商品（服务）对店址附近的顾客进行调查。

第三节　确定经营模式

对于经营者来说，如果自己拥有一套成熟的经营管理体系及经验，那么完全可

以考虑独立开店。若无经验，选择合适的加盟体系，从中学习管理技巧，也不失为降低经营风险的好方法。而若有经验但资金不足，也可选择有投资意向的人合伙经营。

一、个人独资经营

个人独资经营是指由一个自然人投资，全部资产为投资人所有的营利性经济组织。其典型特征是个人出资、个人经营、个人自负盈亏和自担风险。

1. 个人独资经营的特征

个人独资经营具有表1-3所示的特征。

表1-3 个人独资经营的特征

序号	特征	具体说明
1	投资主体方面的特征	个人独资企业仅由一个自然人投资设立。这是独资企业在投资主体上与合伙企业和公司的区别所在。我国《合伙企业法》规定的普通合伙企业的投资人尽管也是自然人，但人数为2人以上；公司的股东通常为2人以上，而且投资人不仅包括自然人还包括法人和非法人组织。当然，在一人有限责任公司的场合，出资人也只有1人
2	企业财产方面的特征	个人独资企业的全部财产为投资人个人所有，投资人（也称业主）是企业财产（包括企业成立时投入的初始出资财产与企业存续期间积累的财产）的唯一所有者。基于此，投资人对企业的经营与管理事物享有绝对的控制与支配权，不受任何其他人的干预。个人独资企业就财产方面的性质而言，属于私人财产所有权的客体
3	责任承担方面的特征	个人独资企业的投资人以其个人财产对企业债务承担无限责任。这是在责任形态方面独资企业与公司（包括一人有限责任公司）的本质区别。所谓投资人以其个人财产对企业债务承担无限责任，包括三层意思： （1）企业的债务全部由投资人承担； （2）投资人承担企业债务的责任范围不限于出资，其责任财产包括独资企业中的全部财产和其他个人财产； （3）投资人对企业的债权人直接负责。 换言之，无论是企业经营期间还是企业因各种原因而解散时，对经营中所产生的债务如不能以企业财产清偿，则投资人须以其个人所有的其他财产清偿

续表

序号	特征	具体说明
4	主体资格方面的特征	个人独资企业不具有法人资格。尽管独资企业有自己的名称或商号，并以企业名义从事经营行为和参加诉讼活动，但它不具有独立的法人地位。 （1）独资企业本身不是财产所有权的主体，不享有独立的财产权利； （2）独资企业不承担独立责任，而是由投资人承担无限责任

 开店秘诀

> 独资企业不具有法人资格，但属于独立的法律主体，其性质属于非法人组织，享有相应的权利能力和行为能力，能够以自己的名义进行法律行为。

2. 个人独资经营的优点

由个人独资拥有，投资人对便利店的任何事务具有绝对决策权，同时也需要承担无限责任。一般而言，个人独资经营开店有三个优点，具体如图1-6所示。

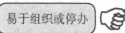 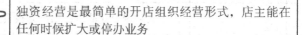

独资经营是最简单的开店组织经营形式，店主能在任何时候扩大或停办业务

独资经营开店的所有权属于店主本人，有绝对的自由发挥空间，个人完全掌握经营决策、实施的全过程。只要遵纪守法，经营者几乎有完全的自由，可随意制定经营方针和制度，可以自由雇用和辞退员工

独资经营的利润属于经营者，所得利润不需要与其他人平分

图1-6　个人独资经营的优点

3. 个人独资经营的缺点

个人独资经营开店有优点就会有缺点，缺点具体如图1-7所示。

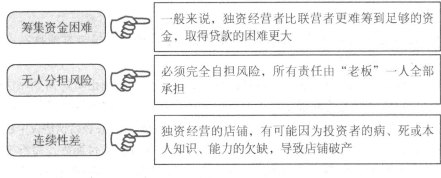

筹集资金困难 👉 一般来说，独资经营者比联营者更难筹到足够的资金，取得贷款的困难更大

无人分担风险 👉 必须完全自担风险，所有责任由"老板"一人全部承担

连续性差 👉 独资经营的店铺，有可能因为投资者的病、死或本人知识、能力的欠缺，导致店铺破产

图1-7 个人独资经营的缺点

二、合伙经营

不少人喜欢合伙做生意，这样双方投资负担就会减轻，并且在经营管理上也会轻松一些。

1. 什么是合伙经营

合伙经营，也称合伙制企业，是由两个以上合伙人订立合伙协议，共同出资，合伙经营，共享收益，共担风险，并对合伙投资的便利店债务承担无限连带责任的经营性组织。

2. 设立合伙企业的条件

设立合伙企业，应当具备图1-8所示的条件。

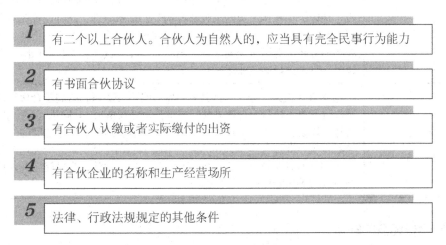

1 有二个以上合伙人。合伙人为自然人的，应当具有完全民事行为能力

2 有书面合伙协议

3 有合伙人认缴或者实际缴付的出资

4 有合伙企业的名称和生产经营场所

5 法律、行政法规规定的其他条件

图1-8 设立合伙企业的条件

3. 合伙方式

（1）合伙人可以用货币、实物、知识产权、土地使用权或者其他财产权利出资，也可以用劳务出资。

合伙人以实物、知识产权、土地使用权或者其他财产权利出资，需要评估作价的，可以由全体合伙人协商确定，也可以由全体合伙人委托法定评估机构评估。

合伙人以劳务出资的，其评估办法由全体合伙人协商确定，并在合伙协议中载明。

（2）合伙人应当按照合伙协议约定的出资方式、数额和缴付期限，履行出资义务。以非货币财产出资的，依照法律、行政法规的规定，需要办理财产权转移手续的，应当依法办理。

4. 合伙经营的优势

合伙企业在资本扩张方面较个人独资企业更有优势。个人独资企业仅有一个投资人，尽管存在整个家庭财产成为个人独资企业资本来源的情形，但该类企业资本规模相对较小、抗风险能力较弱。为扩张资本，单个投资人可通过联合方式，采用合伙企业组织经营，从而解决短期资本积累问题。

尽管现代社会中公司是最普遍采用的企业组织形式，其在迅速筹集资本方面显现出较强的能力，但合伙制度仍在现代企业制度中占有一席之地，其优势如表1-4所示。

表1-4　合伙经营的优势

序号	优势	具体说明
1	风险可控	尽管合伙人普遍承担无限连带责任，较公司股东的有限责任承担更多投资风险，但按照"风险与收益挂钩"的基本原理，此种设计保障了债权人利益，从而使合伙企业可以更为容易地获得交易对手的信任，获得较多商业机会并减少交易成本。因此，只要合伙人谨慎控制风险，合伙也是一种可选择的企业形态
2	共同决策	通常合伙人人数较少，并具有特定人身信任关系，有利于合伙经营决策与合伙事务执行。合伙人共同决策合伙经营事项，共同执行合伙事务，其也可以委托其中一个或者数个合伙人经营。这种合伙人之间的信任关系及合伙企业经营决策方式，迥然不同于公司（特别是股份公司）股东之间的资本联系及公司所有权与经营权分离的现状，为投资者有效控制企业及相关风险提供了较优选择

5. 合伙经营的缺点

由于合伙企业的无限连带责任，对合伙人不是十分了解的人一般不敢入伙；就算以有限责任人的身份入伙，由于有限责任人不能参与事务管理，这就产生有限责任人对无限责任人的担心，怕他不全心全意地干，而无限责任人在分红时，觉得所有经营都是自己在做，有限责任人就凭一点资本投入就坐收盈利，又会感到委屈。因此，合伙企业是很难做大做强的。

虽说连带责任在理论上来讲有利于保护债权人，但在现实生活中操作起来往往不然。如果一个合伙人有能力还清整个企业的债务，而其他合伙人连还清自己那份的能力都没有时，按连带责任来讲，这个有能力的合伙人应该还清企业所欠所有债务。但是，他如果这样做了，再去找其他合伙人要回自己垫付的债款就麻烦了，因此，他往往不会这样独立承担所有债款的，还有可能连自己的那一份都等大家一起还。

6. 合伙经营的注意事项

合伙经营应注意表1-5所示的事项。

表1-5　合伙经营的注意事项

序号	注意事项	具体说明
1	谨慎选择合伙人	人品第一、价值观第二、工作态度第三、才能第四，这是选择合伙人的四大标准，这四个条件缺一不可
2	时刻掌握主动权	在没有看好合伙人之前，最好不要轻易合伙。即使合伙了，必须要在全部企业经营中控制主动权，如人事、财务、客户资料、上游供给商的关系等核心资源。只有这样，在出现问题时才有能力去处置，防止互相扯皮的现象发生，最大限度地减少经营的损失
3	签订具有法律效力的合作协议及商业保密协议	合作期间签订合同，可以有效防止个人私心的膨胀而导致的分裂。如果有商业核心秘密，也要签订竞业保密协议，即使是再好的朋友，也要"先小人后君子"
4	对待能人的方式	有些人的能力特别强，但不一定适合当合伙人。可以采用"高薪＋分红"的方式来留人，而非用股份合伙的方式
5	建立良好的沟通方式	在合作过程中最为忌讳的是互相猜忌，打小算盘，这样的合作肯定不会长久。出现问题要本着真诚、互信、公正的态度来解决，有什么事情放到明面上来讨论，就事论事，大家如果都是出于"公心"，分歧是很容易得到解决的
6	处理冲突时做好最坏的打算	合伙人出现分歧，做好最坏的打算，心中有底，处理问题时就会心平气和、理性地去面对，让事情得到圆满解决。在不违反原则的前提下，要本着不伤和气，好聚好散的原则去处理事情，合作不成还可以继续做朋友
7	尽量避免双方亲戚在店里上班	在店里最好不要雇用双方的亲戚，会造成一些家事与公事感情纠缠的麻烦，会动摇合伙人之间的合作基础

三、加盟连锁

对于没有经验及资金不是太充裕的投资者而言，加盟一家资质好、运营模式成熟的连锁便利品牌成了他们的首选。不过，机会与风险是并存的，投资加盟连锁便利店，投资者既可从中发掘令人惊喜的"金矿"，也有可能掉进危险的陷阱。如何选择一家优良的连锁便利店，便成为中小投资者开店成功的关键，所以，投资者必须把好这一关。

1.加盟连锁的形式

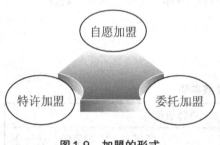

图1-9　加盟的形式

加盟特许经营的经营形式有很多，依出资比例与经营方式大概可以分为图1-9所示的三种。

（1）自愿加盟。自愿加盟是指个别单一商店自愿采用同一品牌的经营方式及负担所有经营费用，这种方式通常是个别经营者（加盟主）缴交一笔固定金额的指导费用（通称加盟金），由总部教导经营的知识再开设店铺，或者经营者原有店铺经过总部指导改成连锁总部规定的经营方式。

通常这样的方式每年还必须缴交固定的指导费用，总部也会派人员指导，但也有不收此部分费用者，开设店铺所需费用全由加盟主负担；由于加盟主是自愿加入，总部只收取固定费用给予指导，因此所获盈亏与总部不相干。

此种方式的优缺点如图1-10所示。

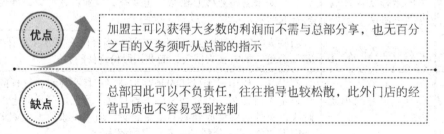

图1-10　自愿加盟的优缺点

（2）委托加盟。委托加盟与自愿加盟相反，加盟主加入时只需支付一定费用，经营店面设备器材与经营技术皆由总部提供，因此店铺的所有权属于总部，加盟主只拥有经营管理的权利，利润必须与总部分享，也必须百分之百地听从总部指示。

此种方式的优缺点如图1-11所示。

优点　风险极小，加盟主无须负担创业的大笔费用，总部要协助经营也要分担经营失败的风险

缺点　加盟主自主性小，利润的多数往往都要上交总部

图1-11　委托加盟的优缺点

（3）特许加盟。特许加盟介于上述两种方式之间，通常加盟主与总部要共同分担设立店铺的费用，其中店铺的租金装潢多由加盟主负责，生产设备由总部负责，此种方式加盟主也需与总部分享利润，总部对加盟主也拥有控制权，但因加盟主也出了相当的费用，因此对于店铺的形式也有部分的建议与决定权力。日本多数便利商店皆采此种方式经营。

特许加盟模式能够充分发挥两个"积极性"，即门店的积极性和总部的积极性。加盟品牌就是通过服务好加盟者，从而为消费者提供更便利的服务和生活。特许加盟模式的作用如图1-12所示。

门店积极性方面

加盟者投资创业，自负盈亏，必须用心去做才能赚钱

总部积极性方面

作为创业的平台，为加盟者提供了很多服务项目，加盟者也可以对总部的服务提出意见和建议

图1-12　特许加盟模式的作用

2. 加盟品牌的选择

创业加盟选择品牌很重要，选择的品牌要有知名度。那么我们应如何来挑选品牌呢？方法如图1-13所示。

资料搜集分析

总部实地考察

品牌对比筛选

图1-13　加盟品牌的选择要领

（1）资料搜集分析。对于投资者而言，仅有激情与梦想是远远不够的，还要练就火眼金睛的本领，谨防加盟的种种陷阱。首先了解自己将要加盟的便利店品牌，然后通过多种渠道搜集相关的品牌信誉度与该品牌运营公司的信誉度。

比如，在品牌加盟网站观看网友评论，在已加盟该品牌的商家处进行市场调研都是不错的方法。

（2）品牌对比筛选。一些便利店加盟品牌虽然在总部当地或者其他个别省份较成功，但如果进入一个新的地域，可能就会出现一段"水土不服"时期，投资者应避免选择一些名不见经传的小品牌。

开店秘诀

专业的连锁便利店，应有经过严格训练的专业化队伍，配以标准化的施工流程、专业化的服务，才能充分显示品牌形象，确保客户安心接受服务。

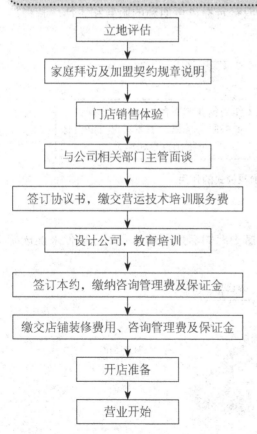

图1-14 某便利店特许加盟的流程

（3）总部实地考察。开便利加盟店的朋友还应谨记市场运营有风险，一定要实地调查研究，把加盟商提供的加盟方案与自己的现实情况结合起来，使加盟方式有自己的特色。

另外，需要了解该品牌的宣传力度，了解该品牌的市场走向以及相关产品的报价，做到心中有数，实时关注项目的相关资讯。

3.加盟的流程

便利店加盟招商一般都有一定的流程，不过，不同的品牌其加盟流程各不相同，而且同一品牌中对于不同的加盟方式其加盟流程也不相同。

如图1-14所示的是某便利店特许加盟的流程。

对于加盟店经营者来说，流程的前期阶段非常重要，包括电话咨询、索取资料、加盟洽谈、协议讨论等。在这些过程中，加盟者除了清楚自己的所处地位、权利和义务，确定是否有巨大商机外，还必须明确图1-15所示的事项。

是否有政策优势

服务项目怎样，是否有新、特、齐、高等品质特色

技术力量是否雄厚

是否有投资、供货优势

成本效益怎样，是否有效地降低了投资风险

品牌优势怎样，在业内是否有极高商誉和影响力

经营管理是否科学

关于品牌、服务、竞争力、风险等有何承诺

图1-15　加盟连锁应明确的事项

4.加盟前期考察事项

选择一家优良的加盟商，是投资者成功的关键，投资者必须把握好这一关。作为便利店经营者，在加盟连锁店前，要做好考察事项，具体如表1-6所示。

表1-6　加盟前期考察事项

序号	事项类别	具体内容
1	特许经营资质	向连锁经营公司索要并审查其备案资料，以防上当受骗
2	评估品牌知名度	选择知名度高、品牌形象好的连锁经营公司，这是创业成功的必要条件
3	考察其发展历史	一般来说，应选择有较长历史的连锁经营公司，因为公司发展越成熟，加盟者承担的风险就越低。不过，这也不是一个绝对的参照标准
4	已运营直营店、加盟店	在选择良好的连锁经营公司时，应充分了解其直营店和加盟店的经营状况是否良好、有无稳定营业利润、利润前景如何及是否具有后续性等

续表

序号	事项类别	具体内容
5	经营管理组织结构体系	优良的连锁经营公司应有组织合理、职能清晰、科学高效的经营管理组织，使各连锁店能高效运转，如果具有健全的财务管理系统、完善的人力资源管理体系、整体营运管理与督导体系等
6	提供开业全面支持	一般来说，连锁经营公司提供的开业全面支持应包括以下内容：地区市场商圈选择；人员配备与招募；开业前培训；开业准备
7	加盟契约、手册	加盟者可从"加盟契约、手册"资料中了解连锁经营公司的公平性、合理性、合法性、费用承受性、地域性限制、时效性、可操作性等方面的内容，看是否选择加盟
8	加盟店成功率	一个成熟的加盟系统需要经验的长期积累和管理系统的不断完善，在正常经营的情况下，关店的情况并不多
9	加盟费用是否合理	考察加盟费用是否合理，最重要的是看投资回报率。可以参照其他加盟店的投资回报率，如果觉得此系统加盟店的投资回报率达到自己的要求，那么加盟费用就基本是合理的

5. 签订加盟合同注意事项

加盟者在签订加盟合约之前，一定要深入了解合约内容，以确保自身权益。不要以为加盟合约都是总部制式的范本不可修改。其实合约应是通过双方彼此协议之后做成的。换句话说，加盟者不仅要看清内容，更有权利要求修改内容。在签订加盟合同时需要注意的事项，具体如图1-16所示。

图1-16 签订加盟合同注意事项

（1）查看相关手续。所谓加盟，就是总部将品牌授权给加盟店使用，换句话说，总部必须要先拥有这个品牌，才能授权给加盟店。加盟者在加盟前，务必先确认总部的确拥有此品牌，才能放心加盟。

（2）了解加盟费用。一般而言，总部会向加盟者收取三种费用，分别是加盟金、权利金及保证金。具体如图1-17所示。

种类一 ▷ 加盟金是总部在开店前帮加盟者做整体的开店规划，以及培训所需要的费用

种类二 ▷ 权利金是加盟店使用总部商标，以及享用商誉所需支付的费用

种类三 ▷ 保证金是总部为确保加盟者切实履行合约，并准时支付货款等所收取的费用

图1-17　加盟费用的种类

开店秘诀

权利金是一种持续性的收费，只要加盟店持续使用总部的商标，就必须定期交费。支付期限可能是一年一次，也可能是按季或是按月支付。

（3）商圈保障问题。通常加盟总部为确保加盟店的营运利益，都会设有商圈保障，也就是在某个商圈之内不再开设第二家分店。因此，加盟者对保障商圈范围有多大，必须十分清楚。

（4）竞业禁止条款。所谓竞业禁止，就是总部为保护经营技术及智慧财产，不因开放加盟而外流，要求加盟者在合约存续期间，或结束后一定时间内，不得加盟与原加盟店相同行业的规定。

（5）管理规章问题。一般的加盟合约内容少则十几条，多则上百条，不过通常都会有这样一条规定，"本合约未尽事宜，悉依总部管理规章办理"。如果加盟者遇到这样的情形，最好要求总部将管理规章附在合约后面，成为合约附件。

开店秘诀

管理规章是由总部制定的，总部可以将合约中未载明事项，全纳入其管理规章之中，随时修改，到时候加盟者就只好任由总部摆布。

（6）关于违约罚则。由于加盟合约是由总部拟定的，所以会对总部较为有利。在违反合约的罚则上，通常只会列出针对加盟者的部分，而对总部违反合约部分则

只字未提。加盟者对此可提出相应要求，明定总部违约时的罚则条文，尤其是关于总部应提供的服务项目及后勤支援方面，应要求总部切实达成。

（7）关于纠纷处理。一般的加盟合约上都会明列管辖之法院，而且通常是以总部所在地的地方法院为管辖法院，为的是万一将来必要时，总部人员来往附近法院比较方便。

曾有某加盟总部在合约中规定，加盟者欲向法院提出诉讼前，需先经过总部的调解委员会调解，遇此状况时，应先了解调解委员会的组成成员为哪些人。如果全是总部的人员，那么调解的结果当然会偏袒总部，而不利于加盟者。碍于合约，加盟者又无法忽略调解委员会，而直接向法院诉讼，因此加盟者在遇到类似的条款时，应要求删除。

（8）合约终止处理。当合约终止时，对加盟者而言，最重要的就是要取回保证金。此时，总部会检视加盟者是否有违反合约或是积欠货款，同时，总部可能会要求加盟者自行将招牌拆下，如果一切顺利且无积欠货款，总部即退还保证金。但若是发生争议时，是否要拆卸招牌往往成为双方角力的重点。某些总部甚至会自行雇工拆卸招牌，加盟者遇此情况，需视招牌原先是由谁出资而定。若由加盟者出资的话，那么招牌的所有权就应归加盟者所有，总部虽然拥有商标所有权，但不能擅自拆除。若真想拆，就必须通过法院强制执行，如果总部自行拆除，即触犯了毁损罪。

（9）双方各执一份。加盟合同签约之后，加盟者一定要自己保留一份，这样才能清楚了解合约内容，确保自身权益。

 **相关链接**

便利店加盟品牌介绍

1. 美宜佳

美宜佳控股有限公司，成立于1997年，是在国内第一家连锁超市——美佳超市基础上发展起来的连锁便利店企业。自成立以来，门店发展以广东为中心，稳步布局全国。至2021年6月，连锁店数超过24000家，主要分布在广东、福建、湖南、江西、湖北等二十个省市160多座城市。

二十多年来，围绕"社区便利生活中心"的市场定位，美宜佳推行虚实结合的经营内容，从数千种商品，到30多项便民服务，获得了社会及行业的高度肯定，先后荣获中国零售业十大优秀特许加盟品牌、中国便利店大奖、中国特许奖等上百项荣誉，成为人们生活中更亲近的伙伴。

2.天福

广东天福连锁商业集团是一家大型的高效的综合性商业企业集团。其前身是成立于2004年7月的东莞市天福便利店有限公司。

其中天福连锁便利店系统是全国十大连锁便利店系统之一，2021年在中国便利店"百强榜"上名列全国第四，在广东连锁便利店价值品牌榜上名列第二。公司秉承"让天福便利店成为便利的社区生活服务中心，让天福公司成为中国便利店行业的标杆企业"的愿景持续创新发展。目前已在广东、湖南、江西等地区发展了6000多间门店，天福创造了中国便利店创业史上的发展奇迹。

3.全家

2004年，中国大陆全家FamilyMart在上海成立，以"Always new & fresh（总是"新""鲜"）"追求不断创新特色的商品与服务理念，始终保持着超过2500款商品、每年70%的商品更新率面向消费者提供便利生活，致力于引领便利店行业最新潮流。

4.罗森

在中国，1996年罗森作为首家外资连锁便利店入驻上海。此后，罗森不断拓展，先后进入重庆、辽宁、浙江、北京、江苏、湖北、安徽、天津、湖南等地，实现了在中国业务的全面开展。罗森的到来，为大家带来了如今已成为便利店招牌的"熬点""饭团"等特色商品，近年来，罗森仍在不断创新，为顾客带来了更多更好的新奇美味。

与本土便利店相比，罗森具有自有商品占比高以及加盟模式灵活等特点，今后，罗森在中国更将加快发展的速度，目标是到2025年突破1万家门店。

5.十足

"十足"品牌始创于2001年，集团目前拥有15家子公司，门店广泛分布于杭州、宁波、温州、台州、绍兴、金华、丽水、嘉兴、苏州、无锡、常州、南京、南通等地，门店数量达2300余家，现已跻身于"中国连锁便利店十强"行

列，并先后荣获"浙江省社区商贸服务业示范企业""浙江省著名商标""浙江省城乡连锁超市龙头企业"等荣誉称号。

6. 7-ELEVEn

7-ELEVEn（7-11）诞生于美国，在日本得到发展壮大，在中国开展有地域性的商品开发为顾客提供"近且便利"的服务。7-11已经确立了便利店事业所需要的经营资源。其中包括：作为世界最大的连锁拥有值得信赖的商标品牌；最佳的加盟方式等商业模式；丰富的经验形成的经营技术诀窍（know-how）；根据顾客需求的变化提供对应的商品和服务等。

目前7-11店铺遍及全世界18个国家地区，从1975年开始变更为24小时全天候营业。发展至今，店铺遍布美国、日本、中国、新加坡、马来西亚、菲律宾等国家和地区。

7. 见福

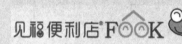

见福便利店，是厦门见福连锁管理有限公司旗下的便利店品牌，创始于2006年，历经多年的成长与发展，如今，见福已是中国连锁百强企业，在中国连锁经营协会公布的2019中国便利店排名中位列第10位、在福建省便利店排名中位列第1位，成为集大众消费、巷口文化、网络节点、人情味为一体的便利生活方式提供者、智慧零售的创始者与践行者。目前，见福门店已超2020家，主要分布于福建省内，并布局江西、四川两省，旗下拥有从业人员近万人。

8. 唐久

山西省太原唐久超市有限公司成立于1996年，是一家专业从事便利店连锁的民营企业。唐久主要以经营便利店为主，1998年将便利业态首次引入山西，创立"唐久便利"品牌。同年，成为中国连锁经营协会会员。唐久便利门店拥有统一的企业标识、统一的门店配置、统一的服务理念及服务规范。店内由约2500种商品组成，可以为顾客提供送货上门、免费提供开水、免费使用打气筒、电话缴费（移动、联通、电信）、生活缴费（电力、煤气、热力、有线、自来水）、代收快递、移动支付（微信、支付宝、云闪付、沃支付、翼支付）、

便利充电、外卖业务（美团、饿了么、京东到家）、家政服务（家政清洁、家电清洗）、彩票等共24项特色服务。所有门店与总部信息联网，门店享受100%配货，门店24小时营业，全年无休，真正解决消费者因时间、地点和及时性原因产生的消费需求，为消费者提供方便、快捷的零售服务。

9.易站

易站，中国人自己的便利店！

2003年11月11日，易站便利店在深圳龙华诞生。从此，在南粤这片改革开放的热土上，易站便利店不断地茁壮成长璀璨绽放。经过近二十年的锐意进取和创新发展，时至今日，易站门店数量已逾千家，遍及珠江三角洲。

10.每一天

西安每一天便利超市连锁有限公司成立于2010年。西安每一天是一家立足陕西，区域化发展的企业，专注24小时便利连锁店，集门店开发、运营、物流配送、品牌输出为一体的综合性零售型企业。成立十多年，每一天门店已经在4省8市开出，包括陕西（西安、宝鸡、汉中、咸阳）、河南（郑州）、内蒙古（包头）、山西（运城）总计超过1400家；每天服务消费者超600000人次，员工总数近4000人，年销售额近18亿元，是西北地区便利店行业领先企业。

第四节　选择店铺地址

妥善选择开店地点将决定便利店的未来前途，因为好的店址是店铺兴旺的基础，甚至可以说选择一个好店址，生意就成功了一半。所以，在选址时，经营者应注意多用点心，选择一个既有品位又能为自己带来滚滚财源的地方。

一、门店选址要求

社区便利店选址应达到图1-18所示的两个要求。

图1-18　门店选址要求

1. 显眼

要想门店显眼，可按"金角＞银边＞草肚皮"的规律来选。

（1）"金角"的铺位是首选，因为街角汇聚四方人流，人们立足时间长，展示面大，品牌曝光度高，因而街角商铺财气旺。

比如肯德基、星巴克等大型连锁企业都爱选这样的"金角"位置。

（2）"银边"是指街两端处于人流进入的端口，也是刚进入商业街的客流有兴趣、有时间、高密度停留的地方。因为距离"金角"不算远，所以"银边"可以借力，能分一杯羹，顾客虽有惰性，但"银边"到"金角"的距离也在其可接受的范围内。

（3）"草肚皮"则指中间部分，因客流分散，顾客购物兴趣下降、行走体力不支而使店铺经营困难重重；或是一头一尾都有吸引人气的竞品，开在中间的话就难以存活。

2. 便利

社区便利店附近的交通越便利越好，而且门店前要可以停放多辆自行车、摩托车和小汽车。也可以与过街天桥、过街地下通道、公共汽车站、地铁站口、轻轨站口等人流量较大的公共交通设施相邻。

如果店铺没有在主干道上，也不能远离主干道。临主干道的商铺除了可以依靠社区居民消费，还可以吸引路过的人群消费。

二、门店选址因素

社区便利店选址时需考虑图1-19所示的因素。

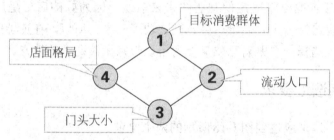

图1-19　门店选址因素

1. 目标消费群体

要知道商圈内社区住户的人口数量，一般社区以10000～15000人为基数。

社区便利店的消费群体，可以根据年龄来定位，一般目标消费群体是10～35岁并对价格不是很敏感的儿童和成人。

2. 流动人口

（1）人流走向。人流的走向会直接影响店内客流量，一定要选择人流量大的地方，如同样一个十字路口选择人流多的一侧或者是上下班必经之地，最好是靠近下班回家的地铁口、公交站台、学校门口等。

（2）人流有效时间段。观察人流有效时间段为上午10:30～12:00、下午16:30～18:30、晚上20:30～22:00，因为这3个时间段是门店的高峰期，只要这些时间段有人流就不愁没有客源。另外，还要观察星期五、六、日的人流是否足够多。

（3）人流量。在社区便利店所能覆盖的商圈内，每天的人口流动量至少要有1500人，如果低于这个值，就会发现潜在的进店消费人数会很少。可以将社区便利店放置于两条道路的交汇处，这样就可以享受到多个方向的客流，具有一定的广告展示功能。

3. 门头大小

（1）门头大小。门头俗称牌匾，牌匾越大越显眼，从视觉上可让顾客不由自主地一眼就能看见。

（2）展示面。门头大的店相对于门口会更宽，那么它可以更好地利用空间去展示商品，能够吸引更多顾客。

4. 店面格局

（1）不规则店面。如果店面是梯形或者多边行构造，就不利于货物的陈列，而且不能做到充分利用空间，容易形成死角，且浪费空间。

（2）长方形店面。这里的长方形是指门面窄、内部深，这样展示面差，给顾客一种不好的感觉，很多顾客不愿意往里面走，那么里面的货物就很难销售。

（3）正方形店面。正方形店面展示面好，可以充分利用空间，而且顾客一进店就可以把所有商品看见。

三、门店选址参考标准

对于想开社区便利店的经营者来说，在选址时可参考以下标准。

（1）500米半径内居民不少于1万人，其中200米半径内不少于1500户。

（2）位于社区商业中心街道或社区门口临街店面。东西走向街道最好坐北朝南；南北走向街道最好坐西朝东，尽可能位于十字路口的西北拐角。

（3）与餐饮店、24小时药店、咖啡店、茶艺馆、酒吧、学校、银行、邮局、洗衣店、冲印店、社区服务中心、社区文化体育活动中心等集客力较强的品牌门店和公共场所相邻。

（4）独立商铺或楼房底层，门面展开宽度不少于6米。

（5）门窗可改装为落地式大玻璃结构。

（6）店铺产权清晰且至少可使（租）用5年。

（7）可正常供水、通电、通电话。

（8）店前空地不少于店内经营面积，可停放20辆以上自行车及摩托车。店前或附近50米内可停放2辆以上小汽车。

（9）店面、店侧及店前可发布（安装）30平方米以上的广告牌。

（10）社区居民文明素质较高，治安状况良好。

（11）社区交通方便、通畅，与过街天桥、过街地下通道、公共汽车站、地铁站口、轻轨站口等人流量较大的公共交通设施相邻。

（12）社区地方政府注重社区文化建设。

 **相关链接**

社区便利店的选址技巧

一般来说，社区便利店分为新入住的普通小区、新入住的高档小区、老年人居多的老旧小区，年轻人居多的老旧小区、房龄10年左右的非老旧小区这五种。

1.新入住的普通小区

这种小区通常有回迁户，居住人群收入水平不是特别高，日常消费中规中矩。这种小区选址要提前和楼盘销售人员做好功课，如业主常规出入口是哪个，是否容易停车，门口是否容易拥堵等。

有很多主入口后期使用起来并不方便，业主反而选择走侧门，这样很容易花高价钱选了差位置。如果没有这样的情况就要选择房租相对贵一点儿的主入口旁边，相较于日后这个位置带来的收益，高出来的租金就不值一提了。故此类小区要选最好的位置。

2.新入住的高档小区

一般这种小区主出入口附近的房租价格往往会高很多。这种小区业主相对文化较高、收入较高，要求的商品品质和服务也较高，经营者可以退而求其次来选择相对差一点的侧门或者主出入口附近相对差一点的位置，这种位置房租相对低一些，后期通过商品的选择、服务的提升等经营方面的技巧，来吸引客流。

3.老年人居多的老旧小区

老旧小区的老年人居多，这种小区可以随意选择位置，主要看后期服务的亲切度和商品的价格。比如，最常见的啤酒、鸡蛋只要比对手便宜一些，老人们往往会选择购买你的商品。故这种店面的选址相对就不那么重要。

4.年轻人居多的老旧小区

这种小区往往是学区房，年轻人为了孩子上学而居住，这种小区的选址就要非常讲究了，要离车的进出口近一些，同时要考虑车停放是否有位置，方便家长接完孩子到店购物。另外，选择一个曝光率高的地方可以更好地宣传店面，让更多人记住。

5.房龄10年左右的非老旧小区

这种小区居住环境比较复杂，顾客年龄层面丰富，老人、孩子、年轻人的占比相差不多。这种小区的选址要进行实地考察，选择一种重点客群，比如年轻人是你的目标，那么这个小区的年轻人的行走路线、购物喜好、购物时间等都是你选址的重要依据。如果停车位置远，步行路线长，那么就在步行的路线上选址，再配合他们喜爱的商品来锁定顾客。

第五节　做好店铺装修

一、店铺命名

同店铺选址一样，店铺的命名对便利店经营者来说，是相当重要的。当然，如果是连锁加盟店，这一点就不需要经营者考虑了，若是独立店铺这一点就相当重要了。首先，店铺的名称就像一个人的名字一样，一个好的名字无形中会对顾客的心理产生微妙的影响，一个好听、好记、朗朗上口的名字无论如何也会比一个晦涩难懂的名字更易激起人们的购买欲，增加店铺的回客率。其次，一个好的店名就像企业的第一推销员，它的推销作用有时比一个优秀的推销员还重要。再次，一个好店名也有利于其声名远扬。

那么，给店铺起名有哪些讲究呢？一般来说，应遵循图1-20所示的原则。

图1-20　店铺命名的原则

1. 通俗易懂

有的老板把自己的便利店开在了五金城附近，于是便在便利店名字中加一个"鑫"字；而开在建材批发市场附近的就喜欢加个"懋"字；有的为图吉利的，常用繁体字，比如把"丰"字特意写成"豐"字。

其实，便利店一般面对的都是普通消费者，所以在命名时应尽量通俗易懂，切莫咬文嚼字。繁体字固然新颖，但有很多顾客不会辨认繁体字，一旦顾客碰上他不认识的繁体字，就无法叫出店铺的名字，从而影响了店铺在口碑方面的传播。

2. 朗朗上口

给便利店起的名字一定要响亮、上口、易记，这样才便于传播。要做到这一点，不仅要讲究语言的韵味与通畅，还要抓住消费者的心理需求与精神需求，凡是能与顾客心理产生共鸣的名字，顾客一般都容易记住，并也能乐于传播，特别是一些比较幽默、具有深厚内涵的名称。相反，让人感觉吐字不爽的名字，人们也就懒得向他人介绍。

3. 反映店铺经营风格

店铺的名字不能含糊，不仅要讲究通俗易懂、朗朗上口这些要点，更重要的是还要能体现店铺经营风格以及优势。

比如，著名的便利店品牌7-11起初就是以经营时间取的名字。

1927年，由汤逊兄弟创办的南兰公司，最初只经营冰块的生意，后来渐渐加卖糖果、香烟、鲜奶、面包等杂粮，种类更日益增多。

1946年店铺正式命名为7-11便利店，借以标榜店铺营业时间由早上7:00至晚上11:00。后改为24小时运作，但由于7-11这个名字已深入民心，故仍沿用至今，并且风靡全球。

二、店铺外观设计

便利店的外观是店铺形象的重要组成部分。一个好的外观可以在很大程度上加深流动顾客的印象，引发顾客的消费欲。

1.店铺外观的主要构成

具体来讲，店铺外观设计主要包括招牌设计、出入口设计、购物通道设计这个三方面。

（1）招牌设计。招牌是店铺店标、店名、造型物及其他广告宣传的载体，它以文字、图形或立体造型指示商店名称、经营范围、经营宗旨、营业时间等重要信息。对于一个店铺来说，招牌是其外部最具代表性的装饰。美宜佳便利店招牌设计效果如图1-21所示。

图1-21　美宜佳便利店招牌设计效果

便利店的招牌主要分为正面招牌与侧面招牌。正面招牌用来表明和指示便利店的名称和正面位置。侧面招牌用来提示过往行人，引起行人对店铺的注意。

连锁便利店的招牌最主要的功能是突出表现连锁品牌的统一性、独立性，树立品牌形象，扩大品牌效应，必须鲜明地体现品牌的标志和品牌的名称。招牌的色调应绚丽、突出、以对比强烈。

因此，在设计招牌时，必须遵循图1-22所示的"四易"原则。

易见　　易读　　易明　　易记

图1-22　招牌设计的"四易"原则

上图所示的原则中，如果缺少其中一项，都会减弱招牌的宣传效果。另外，在制作招牌时，还要考虑图1-23所示的因素。

因素一	以顾客最容易看见的角度来安置招牌，并以顾客看的位置来决定招牌的大小高低
因素二	店名、业种、商品、商标等文字内容应准确，尤其是店名的选择以独特新颖为佳
因素三	字形、图案、造型要适合店铺的经营内容和形象
因素四	设计与色彩要符合时代潮流
因素五	夜间营业的店铺，招牌应配灯光或霓虹灯设备

图1-23　招牌设计需考虑的因素

（2）出入口设计。由于便利店的卖场面积往往较小，因此，一般只设置一至两个出入口，既便于人员管理和防窃，也不会因太多的出入口而占用营业空间。

出入口一般设计在店铺门面的左侧，宽度为3～6米，根据行人一般靠右走的潜意识的习惯，这样入店和出店的人不会在出入口处产生堵塞。同时，出入口处的设计要保证店外行人的视线不受到任何阻碍而能够直接看到店内。7-11便利店出入口设计效果如图1-24所示。

图1-24　7-11便利店出入口设计效果

（3）购物通道设计。便利店购物通道的设计应尽可能直而长，尽量减少弯道和隔断，并利用商品的陈列，使顾客不易产生疲劳厌烦感，潜意识地延长在店内的逗留时间。

通道一般由货架分隔而成，货架的高度最好选择在1.8～2米之间，能使货架最上层的商品正好持平或略高于顾客自然视线，使人不会产生视觉疲劳。通道宽度一般为1.4～1.8米，能让2个人及其购物篮或购物车并行或逆向通过，并能随意转身。通道不能太宽，若通道宽度超出顾客手臂或者视力所及范围，那么顾客就会只选择单侧商品；而通道太窄，则会使购物空间显得压抑，从而影响到顾客走动的舒适性，产生拥挤感。罗森便利店购物通道设计效果如图1-25所示。

图1-25　罗森便利店购物通道设计效果

2.店铺外观设计的原则

店铺外观在设计时应遵循图1-26所示的七项原则。

原则一	店面的设计必须符合自身的行业特点，从外观和风格上使人一目了然地了解店铺的经营特色
原则二	符合主要客户的"口味"
原则三	充分考虑与原建筑风格及周围店面的协调。要知道，"个别""另类"虽然抢眼，但一旦消费者觉得"粗俗"，就会失去更重要的信赖
原则四	简洁，宁可"不足"，也不能"过分"，不宜采用过多的线条分割和色彩渲染，以免顾客产生"太累"的感觉
原则五	店面的色彩要统一协调，不宜采用任何生硬的、强烈的对比
原则六	招牌上的字体大小要适宜，过分粗大会使招牌显得太挤，容易破坏整体布局，可通过底色来突出店名。另外，除非特殊需要，店名一般不要使用狂草或外文字母
原则七	店外的灯箱、布告板、宣传栏要遵守交通法规或城管条例

图1-26　店铺外观设计的原则

三、店铺内部设计

便利店的内部装修效果应该最有效地突出商品的特色。装修不宜采用丰富、鲜艳的色彩，不要让装修的色调来分散顾客对商品的视觉注意力，最好是天、地、墙都采用反光性、衬托性强的纯白色。而且纯白色给人的感觉就是整洁、干净，同时天、地、墙统一色调，会让人感觉空间较大。

1. 天花板

天花板的作用，不仅是把建筑顶部一些不雅观的部分遮蔽起来，而且具有空间设计、与灯光照明相配合，形成优美的购物环境和特定风格的作用。

（1）天花板的高度设计。天花板的设计，首先要考虑的是高度问题。如果天花板太高，上部空间太大，使顾客无法感受到亲切的气氛；反之，如果过低，虽然可以给顾客一种亲切感，但压抑感也会随之而来。一般情况下，天花板的高度是根据营业面积而定的，宽敞的便利店适当高一些，狭窄的便利店则应低一些。一个10～20平方米的便利店，天花板的高度应在2.7～3.0米，并且可以根据行业和环境的不同做适当的调整。

（2）天花板的形状设计。天花板的形状，一般以平面为多，但在其上面加点变化，对顾客的感受、陈列效果、店内气氛都有很大影响。除了平面之外，常用的天花板还有以下一些形状：格子形、圆形、垂吊形、波形、半圆形、金字塔形、船底形等。

（3）天花板的照明设计。天花板还应与照明设备相配合，或以吊灯和外露灯具装饰，或将日光灯安置在天花板内，用乳白色的透光塑料胶板或蜂窝状的通气窗罩住，做成光面天花板。

（4）天花板的材料选择。至于天花板的材料就更不胜枚举了。装修时选择哪一种材料，除了要考虑经济性和可加工性外，还要根据便利店特点考虑防火、消音、耐久等要求。罗森便利店天花板设计效果如图1-27所示。

图1-27　罗森便利店天花板设计效果

2. 地板

（1）地板的图形设计。在地板的图形设计上，一般有刚柔两种选择，即直线条组合和曲线组合，具体如图1-28所示。

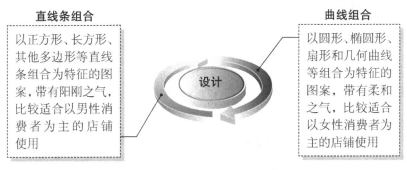

直线条组合

以正方形、长方形、其他多边形等直线条组合为特征的图案，带有阳刚之气，比较适合以男性消费者为主的店铺使用

曲线组合

以圆形、椭圆形、扇形和几何曲线等组合为特征的图案，带有柔和之气，比较适合以女性消费者为主的店铺使用

设计

图1-28　地板图形设计

（2）地板材料选择。地板的装饰材料，一般有瓷砖、塑胶地砖、石材、木地板以及水泥等，可根据便利店的需要和自己的经济能力选用。主要考虑的因素是卖场形象设计的需要、材料的费用、材料的优缺点等几个因素。对各种材料的优缺点有清楚的了解，才利于做决定，具体如表1-7所示。

表1-7　不同地板材料的优缺点

序号	品名	优点	缺点
1	瓷砖	（1）品种、颜色多、形状可自由选择 （2）耐水、耐火、耐腐蚀且相当持久	（1）保温性差 （2）硬度保有力弱
2	塑胶地砖	（1）价格适中，施工方便 （2）颜色丰富，为一般零售卖场采用	易被烟头、利器和化学品损坏
3	石材地板	（1）华丽、堂皇、装饰性好 （2）耐水、耐火、耐腐蚀	价格较高
4	木地板	（1）柔软、隔寒 （2）光泽好	易弄脏、易损坏，故对于顾客出入次数多的卖场不太合适
5	水泥地板	价格便宜	不适合经营中高档商品的便利店

3. 墙壁

墙壁是便利店内部销售空间的重要组成部分，壁面作为陈列商品的背景，有很大的功用。因此，便利店的墙壁在设计上应与所陈列商品的色彩及内容相协调，与便利店的环境和形象相适宜，一般有图1-29所示的几种设计。

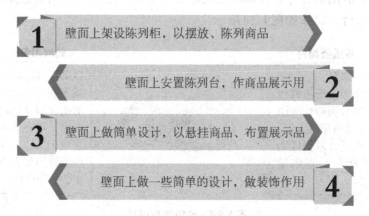

1 壁面上架设陈列柜，以摆放、陈列商品

壁面上安置陈列台，作商品展示用 **2**

3 壁面上做简单设计，以悬挂商品、布置展示品

壁面上做一些简单的设计，做装饰作用 **4**

图1-29　墙壁设计形式

至于壁面的材料，应以经济实用为原则。比较经济的做法包括在纤维板上粘贴印花饰面，这样同时还具有方便拆装等优点。

4.灯光

便利店的灯光应采用纯白双管日光灯，因为日光灯的照明度最为均衡，同时双管日光灯还能够弥补单管日光灯的直射死角，而且纯白的灯光能够毫无保留地反射出商品的原始色彩。日光灯应安装在购物通道的上方，距离货架的高度约等于购物通道宽度的一半，灯管的排列走向应与货架的排列一致，保证能够从正面直接照射到商品。美宜佳便利店灯光设计效果如图1-30所示。

图1-30　美宜佳便利店灯光设计效果

店铺的出入口处以及行人从店外能够直视到的店内部分，要求照度在1500勒克斯以上，保证店内的光线始终高于室外光线，使商店对行人有足够的视觉吸引力。

四、收银区的设计

不可否认，好的店铺形象会给人以卫生、可靠、高品质的心理暗示，更受消费者的认可。而便利店中最能凸显店铺形象的地方，就是购物的最后一站——便利店收银区。

1. 收银区的功能

一般来说，便利店的收银区具有图1-31所示的功能。

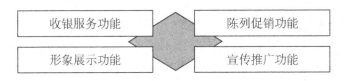

图1-31　收银区的功能

（1）收银服务功能。便利店收银台可以帮助顾客完成消费，形成入店、选购、结账、离店的消费闭环，并给顾客提供加热食品、兑换礼品等服务。

（2）陈列促销功能。便利店收银台的台面、正面、背面，和周围的区域都可以进行陈列设计，利用收银台的等候时间，增加商品的展示机会，促进最后的消费。具体如图1-32所示。

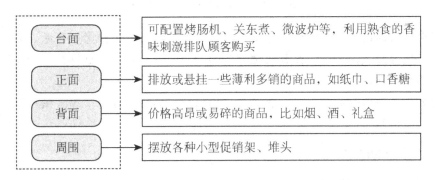

图1-32　收银台的陈列方式

（3）宣传推广功能。便利店收银台是顾客大量集中停留的地方，是非常好的宣传平台。给收银区配上LED广告牌，列出熟食产品的价格；或在收银台上放上最新的促销宣传单，引起顾客的好奇心；还可以在周围陈列上促销架，配合促销手段促使顾客消费。

（4）形象展示功能。便利店收银台是门店最为抢眼的区域之一。通过在收银区墙面上悬挂品牌logo（标志）、经营许可证等，打造一个专属的店铺展示墙，精致高端的收银区与整店装修风格一致，可以起到提升品牌形象的作用，促进消费者的二次光临。

2.收银区的规划

便利店收银区的设计从店铺规划来说是非常重要的一个区域，一般收银区都是设计在门口，客户出门前结账走人，这是目前大部分便利店的规划布局设计，如图1-33所示。

图1-33　7-11收银区设计效果

那么，如何设计收银区会更方便、更合理呢？经营者可参考如下两点要求。

（1）顶部设置指示牌。便利店顶部需要一个收银指示牌，这样在远处可以很清晰地找到收银处。

（2）台面放置收款二维码。收银台上面最好有店铺的支付宝等收款二维码，方便客户扫描付款。

3.收银台的选择

相比以往杂货铺使用的老款收银台，经过精心设计、改良的现代便利店收银台具有颜色多、功能强大、易于运输、自由定制、材质先进等优点。便利店在选择收银台时，可参考图1-34所示的步骤来进行。

第一步	在店铺设计之初，就要先规划出收银台的大致位置、朝向、款式和风格
第二步	预估客流量，确定需要配备几个收银机
第三步	根据附加服务，确定是否需要摆放咖啡机、微波炉等设备
第四步	根据以上3点，确定收银台的长度和摆放形式，如1.5米的收银台可"一"字摆放，1.8米可"L"形摆放，3米以上更适合"U"形摆放
第五步	最后根据陈列需求，选购配置其他配件，如小前架、置物板、转角柜、背柜、烟酒柜等

图1-34 收银台的选择

美宜佳收银台效果如图1-35所示。

图1-35 美宜佳收银台效果

 相关链接

适合收银台陈列的商品

1.较昂贵和易碎的商品

例如香烟、红酒、白酒等商品，陈列在收银台后面由店员拿取，减少店铺损耗。

2.新引进的商品

例如一些小众且需要推广的商品，在为顾客结账时加以介绍，增加顾客对新产品的认知。

3.促销的商品

例如当季热卖商品、节日促销品等，可利用价格优势，或"加一元多一件"等形式，刺激顾客购买。

4.平价的商品

例如口香糖等，顾客往往对这类单价便宜的商品不敏感，容易在最后时刻促成交易。

5.容易被遗忘的商品

例如电池等，在顾客排队等待时，给予无声的提醒。

6.快消的商品

例如矿泉水、纸巾等，有时顾客只是临时急需才入店购买，将这类商品放在收银台，可提高购物效率，加快商品周转。

五、店铺内部布局

一个店铺一个形象，便利店内部设计要力求实用，并且色彩搭配协调，货架摆放位置也要有意识地进行分区陈列。哪怕再小的店铺也不能让顾客产生拥挤的感觉，要保证顾客能轻松选购商品。

1.堆头设置

图1-36　天福便利店堆头设计效果

收银台与货架之间的空间，以及店铺入口通道的中间一般设计为堆头位，用来作为新商品、库存商品、推广期商品、标志性商品、品牌商品等重点品类的促销区域。由于堆头位的位置特殊，一般堆头位的长宽不超过1米，高不超过1.2米，以免造成对顾客视线的阻隔和通道的堵塞，具体如图1-36所示。

开店秘诀

堆头位处于店铺的出入口通道上，是店铺人流逗留时间最长的地方，是促销商品的最好区域，供应商也愿意支付时段性租金进行产品推广。因此，堆头费能够增加便利店的纯利润。

2. 货位布置

便利店的货位布局已不单纯是商品货架、柜台的组合形式，它还承担着重要的促销宣传的作用。在规划商品货位分布时，一定应注意以下问题。

（1）交易次数频繁、挑选性不强、色彩造型艳丽美观的商品，适宜设在出入口处。如化妆品、日用品等商品放在出入口，使顾客进门便能购买。某些特色商品布置在入口处，也能起到吸引顾客、扩大销售的作用。

（2）贵重商品、技术构造复杂的商品，以及交易次数少、选择性强的商品，适宜设置在卖场的深处。

（3）关联商品可邻近摆布，相互衔接，充分便利选购，促进连带销售。如将妇女用品和儿童用品邻近摆放。

（4）按照商品性能和特点来设置货位，如把互有影响的商品分开摆放，将异味商品、食品单独隔离成相对封闭的售货单元。

（5）将易引人冲动性购买的商品摆放在明显部位以吸引顾客，或在收银台附近摆放些小商品或时令商品，使顾客在等待结算时可随机购买。

（6）按照顾客的行走规律设置货位。我国消费者行走往往习惯于逆时针方向，即进卖场后，自右方向左观看浏览，可将连带商品顺序排列，以方便顾客购买。

3. 非商品区域设置

除了销售卖场外，便利店还需要一些非商品区域，例如办公室（主控室）、员工休息室（更衣室）、卫生间等。

便利店的办公室，通常也称作主控室。它主要有两个功能，一是作为店铺POS系统和监控系统的主机房，二是作为店铺主管管理店铺的指挥平台。因此，办公室的设计一般高于卖场平面0.8～1米，并且临店铺的一侧为玻璃透视窗，便于店铺主管能够对店内发生的事务随时进行监控和指挥。

第六节 办理经营手续

一、营业执照

营业执照是工商行政管理机关发给工商企业、个体经营者的准许从事某项生产经营活动的凭证。没有营业执照的工商企业或个体经营者一律不许开业，不得刻制公章、签订合同、注册商标、刊登广告，银行不予开立账户。

1. 个体户——"两证合一"

对于个体户来说，办理的营业执照为"两证合一"，即工商营业执照和税务登记证。

那么，怎样算是个体户呢？《个体工商户条例》第2条第1款规定：有经营能力的公民，依照本条例规定经工商行政管理部门登记，从事工商业经营的，为个体工商户。

（1）个体工商户登记事项如下。

① 经营者的姓名及住所：申请登记个体户的公民的姓名和户籍所在地的详细住址。

② 组织形式：个人经营或家庭经营。

③ 经营范围：个体户从事经营活动所属的行业类别。

④ 经营场所：个体户营业所在地的详细地址。

⑤ 个体户可以使用名称，也可以不使用名称登记，使用名称的，名称亦作为登记事项。

（2）个体工商户营业执照办理所需材料如下。

① 申请人签署的个体工商户开业登记申请书。

② 申请人的身份证原件及复印件。

③ 经营场所证明，提供房屋租赁合同原件及复印件、房产证复印件。

④《物权法》第77条规定的经营场所为住宅时，需要取得有利害关系业务的同意证明。

⑤ 近期一寸免冠照片1张。

⑥ 国家工商行政管理部门规定提交的其他文件。

（3）个体工商户营业执照办理流程如下：

① 申请人填写材料，提交申请。

② 受理人员受理。

③ 地段管理人员进行核查。

④ 所长批准登记申请。

⑤ 受理人员在10日内发放营业执照。

开店秘诀

申请人对于材料的真实性要负责，经营场所的表述要和房产证上的一致，复印材料要用A4纸，并用黑色的钢笔或签字笔填写。

个体工商户的特征

（1）从事个体工商户必须依法核准登记。登记机关为工商行政管理部门。县、自治县、不设区的市、市辖区工商行政管理部门为个体工商户的登记机关，登记机关按照国务院工商行政管理部门的规定，可以委托其下属工商行政管理所办理个体工商户登记。

（2）个体工商户可以个人经营，也可以家庭经营。若个人经营的，以经营者本人为登记申请人；若家庭经营的，以家庭成员中主持经营者为登记申请人。

（3）个体工商户可以个人财产或者家庭财产作为经营资本。若是个人经营的，个体工商户的债务以个人财产承担；若是家庭经营的，个体工商户的债务以家庭财产承担，但是无法区分的，则以家庭财产承担。

（4）个体工商户只能经营法律法规允许个体经营的行业。对于申请登记的经营范围属于法律、行政法规禁止进入的行业的，登记机关不予以登记。

2. 企业——"五证合一"

自2016年10月1日起，我国正式实施"五证合一、一照一码"的登记制度。"五证"即工商营业执照、组织机构代码证、税务登记证、社会保险登记证和

图1-37 营业执照

统计登记证。"五证合一"变为加载统一社会信用代码的营业执照，如图1-37所示。

"五证合一"证件的办理流程如下。

（1）取名核名。

① 按照公司名称结构规定给公司取名，建议取5个以上的名称备用，名称结构包含这几部分：行政区划、字号、行业、组织形式。

② 咨询后领取并填写名称（变更）预先核准申请书、授权委托意见，同时准备相关材料。

③ 递交名称（变更）预先核准申请书、投资人身份证、备用名称若干及相关材料，等待名称核准结果。

④ 领取企业名称预先核准通知书。

（2）提交申请资料。领取企业名称核准通知书后，编制公司章程，准备注册地址证明所需的材料等向工商部门综合登记窗口提交登记申请材料，正式申请设立登记。

① 综合登记窗口收到"五证合一"登记申请材料，对提交材料齐全的，出具收到材料凭据。

② 工商行政管理局（以下简称工商局，有的地方称为市场监督管理局、工商和质量监督管理局）、质量技术监督局（以下简称质监局）、国家税务局（以下简称税务局）对提交材料不符合或不齐全法定形式，不予核准通过的，将有关信息及需要补正的材料传送综合登记窗口，由综合登记窗口一次性告知申请人需要补正的全部材料。补正后的材料都符合要求的，综合登记窗口出具收到材料凭据。

③ 登记申请材料传送工商局、质监局、税务局办理审批和登记。

（3）领取营业执照。综合登记窗口在五个工作日之内，应向申请人颁发加载统一社会信用代码的营业执照。申请人携带准予设立登记通知书、办理人身份证原件，到工商局领取营业执照正、副本。

（4）篆刻公章。餐饮企业领取营业执照后，经办人凭营业执照，到公安局指定刻章点办理刻章事宜。一般餐饮企业要刻的印章包括：公章、财务章、合同章、法人代表章、发票章。

（5）银行开户。根据《人民币银行结算账户管理办法》规定，餐饮企业银行账户属于单位银行结算账户，按用途分为基本存款账户、一般存款账户、专用存款账户、临时存款账户，原则上应在注册地或住所地开立银行结算账户。一家餐饮企业只能在银行开立一个基本存款账户，该账户是存款人因办理日常转账结算和现金收付需要开立的银行结算账户。餐饮企业银行开立基本存款账户，建议先和银行预约办事时间并确认所需材料的具体内容及份数、法定代表人是否需要临柜，一般需准备好如下资料。

① 营业执照的正副本。

② 法人身份证原件。

③ 经办人身份证。

④ 法人私章、公章、财务章。

⑤ 其他开户银行所需的材料。

二、食品经营许可证

在中华人民共和国境内，从事食品销售和餐饮服务活动，应当依法取得食品经营许可。食品经营许可实行一地一证原则，即食品经营者在一个经营场所从事食品经营活动，应当取得一个食品经营许可证。食品经营许可证正本、副本式样如图1-38、图1-39所示。

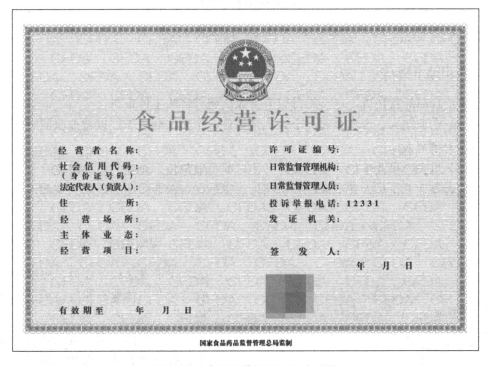

图1-38 食品经营许可证正本式样

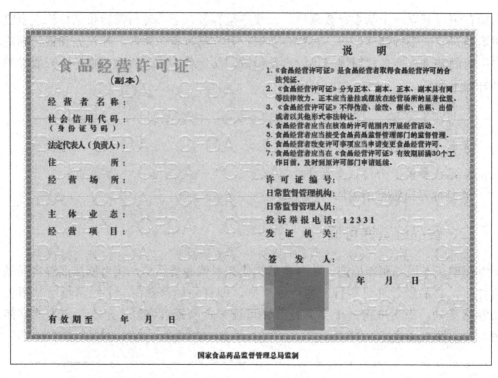

图1-39　食品经营许可证副本式样

1. 申请资格

申请食品经营许可，应当先行取得营业执照等合法主体资格。

（1）企业法人、合伙企业、个人独资企业、个体工商户等，以营业执照载明的主体作为申请人。

（2）机关、事业单位、社会团体、民办非企业单位、企业等申办单位食堂，以机关或者事业单位法人登记证、社会团体登记证或者营业执照等载明的主体作为申请人。

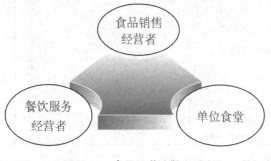

图1-40　食品经营主体业态

2. 申请类别

申请食品经营许可，应当按照食品经营主体业态和经营项目分类提出。

（1）主体业态。食品经营主体业态分为图1-40所示的三种。

开店秘诀

食品经营者申请通过网络经营、建立中央厨房或者从事集体用餐配送的，应当在主体业态后以括号标注。

（2）经营项目分类。食品经营项目分为预包装食品销售（含冷藏冷冻食品、不含冷藏冷冻食品）、散装食品销售（含冷藏冷冻食品、不含冷藏冷冻食品）、特殊食品销售（保健食品、特殊医学用途配方食品、婴幼儿配方乳粉、其他婴幼儿配方食品）、其他类食品销售；热食类食品制售、冷食类食品制售、生食类食品制售、糕点类食品制售、自制饮品制售、其他类食品制售等。如申请散装熟食销售的，应当在散装食品销售项目后以括号标注。

列入其他类食品销售和其他类食品制售的具体品种应当报国家食品药品监督管理总局批准后执行，并明确标注。具有热、冷、生、固态、液态等多种情形，难以明确归类的食品，可以按照食品安全风险等级最高的情形进行归类。

3.申请条件

根据《食品安全法》规定，申请食品经营许可，应当符合图1-41所示的条件。

条件一	具有与经营的食品品种、数量相适应的食品原料处理和食品加工、销售、贮存等场所，保持该场所环境整洁，并与有毒、有害场所以及其他污染源保持规定的距离
条件二	具有与经营的食品品种、数量相适应的经营设备或者设施，有相应的消毒、更衣、盥洗、采光、照明、通风、防腐、防尘、防蝇、防鼠、防虫、洗涤以及处理废水、存放垃圾和废弃物的设备或者设施
条件三	有专职或者兼职的食品安全管理人员和保证食品安全的规章制度
条件四	具有合理的设备布局和工艺流程，防止待加工食品与直接入口食品、原料与成品交叉污染，避免食品接触有毒物、不洁物
条件五	法律、法规规定的其他条件

图1-41　申请食品经营许可的条件

4.申请资料

申请食品经营许可，应当向申请人所在地县级以上地方食品药品监督管理部门提交下列材料。

（1）食品经营许可申请书。

（2）营业执照或者其他主体资格证明文件复印件。

（3）与食品经营相适应的主要设备设施布局、操作流程等文件。

（4）食品安全自查、从业人员健康管理、进货查验记录、食品安全事故处置等保证食品安全的规章制度。

开店秘诀

申请人应当如实向食品药品监督管理部门提交有关材料和反映真实情况，对申请材料的真实性负责，并在申请书等材料上签名或者盖章。

5. 食品经营许可证保管

（1）食品经营者应当妥善保管食品经营许可证，不得伪造、涂改、倒卖、出租、出借、转让。

（2）食品经营者应当在经营场所的显著位置悬挂或者摆放食品经营许可证正本。

6. 食品经营许可证变更

（1）食品经营许可证载明的许可事项发生变化的，食品经营者应当在变化后10个工作日内向原发证的食品药品监督管理部门申请变更经营许可。

（2）经营场所发生变化的，应当重新申请食品经营许可。外设仓库地址发生变化的，食品经营者应当在变化后10个工作日内向原发证的食品药品监督管理部门报告。

（3）申请变更食品经营许可的，应当提交相应申请材料，如图1-42所示。

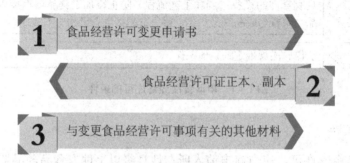

图1-42　申请变更食品经营许可应提交的材料

7. 相关法律责任

（1）未取得食品经营许可从事食品经营活动的，由县级以上地方食品药品监督管理部门依照《食品安全法》第一百二十二条的规定给予处罚。

（2）许可申请人隐瞒真实情况或者提供虚假材料申请食品经营许可的，由县级以上地方食品药品监督管理部门给予警告。申请人在1年内不得再次申请食品经营许可。

（3）被许可人以欺骗、贿赂等不正当手段取得食品经营许可的，由原发证的食品药品监督管理部门撤销许可，并处1万元以上3万元以下罚款。被许可人在3年内不得再次申请食品经营许可。

（4）食品经营者伪造、涂改、倒卖、出租、出借、转让食品经营许可证的，由县级以上地方食品药品监督管理部门责令改正，给予警告，并处1万元以下罚款；情节严重的，处1万元以上3万元以下罚款。

（5）食品经营者未按规定在经营场所的显著位置悬挂或者摆放食品经营许可证的，由县级以上地方食品药品监督管理部门责令改正；拒不改正的，给予警告。

（6）食品经营许可证载明的许可事项发生变化，食品经营者未按规定申请变更经营许可的，由原发证的食品药品监督管理部门责令改正，给予警告；拒不改正的，处2000元以上1万元以下罚款。

（7）食品经营者外设仓库地址发生变化，未按规定报告的，或者食品经营者终止食品经营，食品经营许可被撤回、撤销或者食品经营许可证被吊销，未按规定申请办理注销手续的，由原发证的食品药品监督管理部门责令改正；拒不改正的，给予警告，并处2000元以下罚款。

（8）被吊销经营许可证的食品经营者及其法定代表人、直接负责的主管人员和其他直接责任人员自处罚决定作出之日起5年内不得申请食品生产经营许可，或者从事食品生产经营管理工作、担任食品生产经营企业食品安全管理人员。

三、烟草专卖零售许可证

烟草专卖许可证是由我国烟草专卖局颁发的，允许公司、企业、单位和个人经营销售烟草的许可证件。在我国，任何单位和个人，没有办理烟草专卖许可证，就不能进行烟草经营和销售。烟草专卖零售许可证样本如图1-43所示。

《烟草专卖法》第十六条规定：

图1-43　烟草专卖零售许可证样本

经营烟草制品零售业务的企业或者个人，由县级人民政府工商行政管理部门根据上一级烟草专卖行政主管部门的委托，审查批准发给烟草专卖零售许可证。已经设立县级烟草专卖行政主管部门的地方，也可以由县级烟草专卖行政主管部门审查批准发给烟草专卖零售许可证。

1.办理条件

《烟草专卖法实施条例》第九条规定取得烟草专卖零售许可证，应当具备图1-44所示的条件。

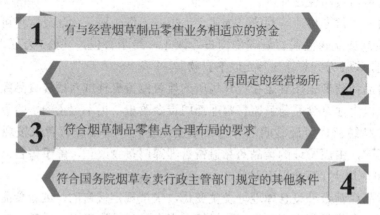

1 有与经营烟草制品零售业务相适应的资金

有固定的经营场所 **2**

3 符合烟草制品零售点合理布局的要求

符合国务院烟草专卖行政主管部门规定的其他条件 **4**

图1-44　取得烟草专卖零售许可证的条件

2.办理材料

申办烟草专卖零售许可证需提交以下材料。

（1）烟草专卖零售许可证新办申请表1份。

（2）个体工商户经营者、法定代表人或企业负责人身份证明原件和复印件各1份。

（3）工商营业执照。

第二章

店铺宣传造势

导言

现在已不是"酒香不怕巷子深"的时代了，对于实体店铺来说，大多都需要借助各种营销活动来宣传造势，这样可以扩大店铺的知名度和影响力，以让更多的人进入店铺消费。

思维导图

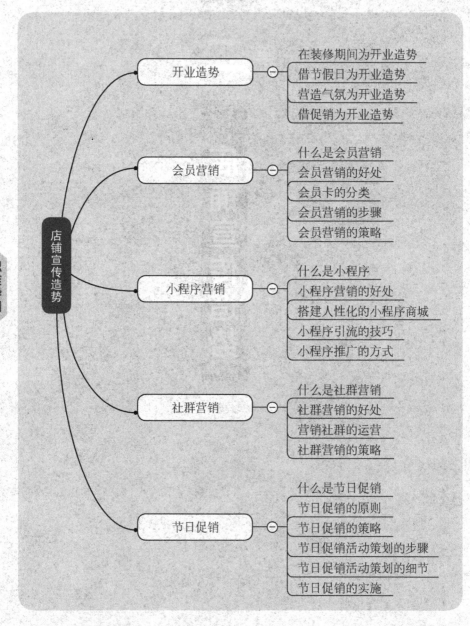

每一家店铺开业，都希望有个"开门红"。要善于利用现有条件为开业造势，明确了这一点，就会以较低的成本获得较好的效果。

一、在装修期间为开业造势

很多店铺在装修期间的促销是一片空白。短则几天长则月余的装修期，店门口人来人往，白白浪费了这个宣传时机。

1. 喷绘广告

可以做一个显眼的、临时性的喷绘广告。花费不是很多，广告内容可以是宣传即将开业的店铺的品牌形象，也可以是推广开业促销措施。

2. 条幅

拉一个条幅，上面写着"距××店开业还有××天"，这样可以使顾客产生期待或好奇，为店铺开业造势。

3. 招聘广告

制作并张贴精美的招聘广告也是宣传店铺的好办法。开店必然要招聘相关人员，精美的招聘广告可以招来应聘者，同时也是对店铺的一种宣传。店主只需要简单地写上"招聘"二字和几句招聘要求就可以吸引很多目光。

二、借节假日为开业造势

一般店铺选在节假日开业是比较好的，因为节假日是大部分人最有时间、最有心情购物的时候，也是人流量最大的时候。顾客是有从众心理的，喜欢热闹的、人多的地方。

三、营造气氛为开业造势

店铺开业时一定要营造出开业的气氛，让顾客知道你的店铺是新开业的，让他们关注你的店铺，如图2-1所示。

（1）店铺开业前要尽量买些花篮摆在门口，营造出开业的气氛。

（2）如果条件允许，可以设置一个充气拱门。

（3）店铺开业时要放一些有动感的音乐，可以掩盖人们的嘈杂声，同时也会增加顾客的安全感。

图2-1　美宜佳便利店开业现场

四、借促销为开业造势

店铺开业一定要借促销来造势。促销活动可以是部分商品打折销售，也可以是送赠品，还可以是免费办理会员卡等。

为了增加促销活动的宣传效果，可以以贴海报、在店门口向行人发传单等方式吸引过往行人，使潜在消费者成为店铺的顾客。

第二节　会员营销

随着IT技术的发展，尤其是互联网的普及，会员制营销正在成为企业必不可少的选择，谁先建立会员制营销体系，谁将在激烈竞争中处于优势。

一、什么是会员营销

会员营销是一种基于会员管理的营销方法，商家通过将普通顾客变为会员，分析会员消费信息，挖掘顾客的后续消费力汲取终身消费价值，并通过客户转介绍等方式，将一个客户的价值实现最大化。

二、会员营销的好处

具体来说，会员营销具有图2-2所示的好处。

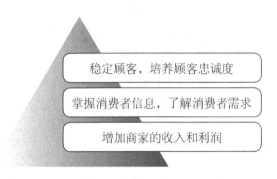

稳定顾客，培养顾客忠诚度

掌握消费者信息，了解消费者需求

增加商家的收入和利润

图2-2　会员营销的好处

1.稳定顾客，培养顾客忠诚度

会员制的根本目标就在于建立稳定的消费者资源，与顾客建立稳定的长久的关系。商家提供会员制服务，可以锁定目标顾客群，保证拥有一定数量的客源，为商家带来稳定的销售收入；而且商家通过与顾客之间建立良好的关系，可以使顾客产生归属感从而培养顾客的忠诚度，降低开发新顾客的成本，提升商家竞争优势，树立品牌。

2.掌握消费者信息，了解消费者需求

一般来说，消费者申请会员卡时会被要求填写个人资料，这对商家来说，可以收集到大量顾客的基本情况和消费信息。商家可以掌握和了解顾客群的特点，有利于进行消费分析。同时，会员制提供了商家与顾客的沟通渠道，便于商家及时了解消费者的需求变化，为改进商家的经营和服务提供客观依据。

3.增加商家的收入和利润

会员消费是商家扩大市场份额的重要支柱，并成为商家收入和利润新的增长点。同时，对于一部分收费式会员制，在达到一定规模的情况下，能够使商家在短时间内拥有大量可支配资金，并取得可观的会费收入。

三、会员卡的分类

会员卡在拉动群体消费和稳定销售业绩方面，有着不可忽视的作用。一般来

说，会员卡主要有图2-3所示的几种形式。

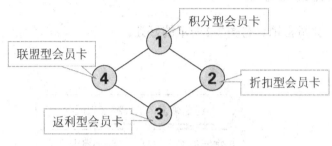

图2-3　会员卡的形式

1.积分型会员卡

（1）使用方法。积分型会员卡主要是以消费商品积分为主要手段。商品的积分算法有如图2-4所示的多种，然后根据积分点数的多少，回赠消费者相应的礼品或奖券参与抽奖。

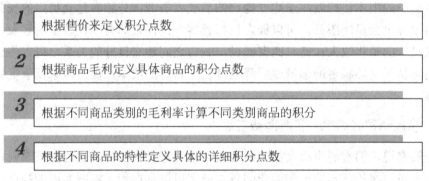

图2-4　商品积分算法

（2）促销手段。积分型会员卡的促销手段有以下两种。

①在某个时间段内，可以根据消费的情况，降低领取奖品的底线，或者提高同等条件下的积分点数等来刺激会员消费。

②在某个时间段内，根据会员的消费积分等级，满足一定积分点数，可以以超低价购买正常销售的商品。

比如，凡积分在限定时间内满100点，可以25元购买5升装食用油一桶。

③会员可以一定数目的积分点数，加一定现金购买正常销售的商品。

比如，100点的积分数加10元可以换购一瓶200毫升飘柔洗发水，当购完商品时会员卡的积分就相应减少100点数。

开店秘诀

不管采取哪种形式促销，事先要根据门店规划的会员章程来定制活动规则，门店要从成本的角度核算，同时要保证消费者能很容易达到消费要求，才有实际意义。

2. 折扣型会员卡

（1）使用方法。折扣型会员卡往往定期收取一定的会费，或者先预付消费款项，或者指定某一部分消费群体，在正常消费过程中可以享有的特殊折扣比率。一般根据会员顾客的类型或等级，执行不同优惠比率；具体商品的优惠比率也可以制定为不一样的，而且可以对不同的货品类别进行不同的折扣；还有根据商品给持卡者制定统一的折扣价，通常称之为会员价。

（2）促销手段。折扣型会员卡的促销手段如图2-5所示。

| 针对持卡会员，一定时间段内，进行商品特低折扣优惠，加强团体客户消费，同时拉动新的顾客入会 | 手段一 手段二 | 持卡消费（必须要与积分一起使用）满一定数额后可以升级，使其获得的优惠更多 |

图2-5 折扣型会员卡的促销手段

开店秘诀

在制定商品的折扣比率或金额时，建议一定要根据商品的毛利额来具体定义每个商品的折扣价格，以避免商品出现亏本销售的情况。

3. 返利型会员卡

（1）使用方法。根据会员消费的金额，满足一定数目后给予一定的返利优惠券或商品。此种类型是在积分类型的基础上的衍生，但具体的返利标准及时间限制，门店要根据自身利益情况作出限制。

（2）促销手段。返利型会员卡的促销手段如图2-6所示。

某个时间段内，针对某类商品加大返利力度	手段一 手段二	限定时间段内，领取了正常返利的同时，又可参加抽奖活动或者其他促销活动

图2-6　返利型会员卡的促销手段

开店秘诀

活动的时间限制、参与对象的条件限制以及返利商品的范围都必须在使用前规划好，避免引起顾客争执。

4.联盟型会员卡

（1）使用方法。联盟结合其他商业服务单位，推出联合促销活动。

比如：凭借有些便利店的会员卡，可以到其他的商业单位消费时给予特殊折扣，如影楼、美容院、餐饮店、汽修厂、娱乐城等单位。

（2）促销手段。联盟型会员卡的促销手段如图2-7所示。

 联盟其他的商家，规定时间段内在门店消费满一定数额可以到联盟单位享受特殊折扣；或者在其他联盟的商业单位的消费够一定数目的金额后可以在门店以超低折扣购买关联商品

 新的联盟商家加入时，加大折扣力度，或降低条件限制

图2-7　联盟型会员卡的促销手段

四、会员营销的步骤

会员管理的根本意义在于通过管理和营销手段，积累长期有效的客户群体，并且挖掘二次销量，实现持续经营。一个成功的店铺会员管理机制需要经过图2-8所示的五个步骤。

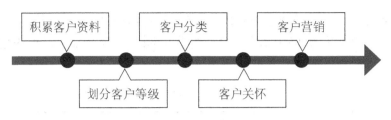

图2-8　会员营销的操作步骤

1.积累客户资料

积累客户资料是会员管理的第一步，根据资料可以将客户的信息划分为基础信息、特性信息和营销信息。

（1）基础信息。基础信息主要是客户所处的地区、手机号、邮箱、是否成交、评价内容以及在该店的会员级别，这类信息有助于商家了解该客户是否和店铺的定位、品牌调性所匹配，进而判断其是否为潜在老客户。具体内容如表2-1所示。

表2-1　客户基础信息

基础信息	内容	作用
地区	如北京、上海、深圳等	有气候、时尚、人文等环境因素
手机号	收件人号码、付款人号码等	会员联络、通知
邮箱	客户邮箱	会员联络、通知
客户类型	是否成交	—
客户评价	中差评及评价内容	客户的关怀维护
会员级别	店铺的会员级别	客户的会员服务内容

（2）特性信息。特性信息是指客户的特征，如身高、三围、肤质、发质，可以应用到店铺产品的开发和营销中。具体内容如表2-2所示。

表2-2　客户特性信息

特性信息	内容	作用
身高	客户的身高	服装类目应用
三围	客户的三围信息	服装类目应用
肤质	客户皮肤类型	化妆品类目应用
发质	客户头发类型	化妆品类目应用

（3）营销信息。营销信息与客户的具体购买行为挂钩，可以从消费金额、消费周期以及是否参与优惠活动中判断出客户的购买行为特征。具体内容如表2-3所示。

表2-3 客户营销信息

营销信息	内容	作用
时间	最后一次付款时间	客户购物时间判断依据
周期	购物周期	客户营销周期判断依据
金额	消费金额	客户消费能力判断依据
订单信息	客户的购物商品选择	客户的购物信息依据
优惠券	客户是否持有店铺优惠券	优惠券营销依据
营销反馈	客户接受店铺的营销反馈	客户再次营销的判断依据
消耗周期	客户购买商品的使用进度	客户维护及营销的依据

2. 划分客户等级

划分客户等级的方法有很多。

比如，根据顾客是否发生购买行为，可以将其分为订购客户和非订购客户；根据客户的购买次数、购买金额，可以将订购客户分为普通会员、高级会员、VIP会员和至尊VIP会员。

鉴于会员等级不同，可以设置差异化的会员策略，借此产生刺激会员向更高等级会员前进的催化剂。最常见的策略有等级名称差异化和等级条件可控化，前者如将会员名划分为小兵、团长、司令，后者则根据会员活跃度升降会员等级，不定期设置活动。此外，还可以在产品、服务以及价格上采取等级特权差异化。

3. 客户分类

结合客户的交易周期和交易特征，可以进行客户分类，进一步将客户划分为新客户（高客单）、新客户（低客单）、忠诚客户、活跃客户、预流失客户（高客单）、流失客户、休眠客户。

下面是××便利店对会员进行分类的依据，具体如表2-4所示。

表2-4　客户分类明细

客户分类	分类条件说明	分类意义
新客户（高客单）	30天内第一次在本店购物的客户；客户在本店只购物过一次；客户的单笔订单价格≥500元	筛选出最近在本店购买过的客户，且这些客户对商品价格敏感度较低，更在意质量和服务
新客户（低客单）	30天内第一次在本店购物的客户；客户在本店只购物过一次；客户的单笔订单价格＜500元	筛选出最近在本店购买过的客户，且这些客户对商品价格敏感度较高，喜欢低价商品
忠诚客户	7～45天内在本店购物超过3次	客户近期购买过本店商品，且经常在本店消费，是本店的忠诚客户
活跃客户	7～45天内在本店购物2～3次	客户在近期购买过本店商品，且这些客户在本店消费过2～3次，有可能成为忠诚客户
预流失客户（高客单）	46～90天内在本店购物过的客户，且客户平均每单价格≥500元	客户可能正准备在本店再次购买，或者客户可能快忘记本店，且这些客户价格敏感度低
流失客户	91～365天内在本店有过购物的客户	客户可能最近没有购买过商品或在别家购买了商品，客户正在忘记本店
休眠客户	最后一次购物在一年前的客户	客户可能最近没有购买过商品或在别家购买了商品，客户已经忘记本店

4. 客户关怀

客户关怀是指会员在下单后，和客户核对商品信息、协助客户付款、帮助客户送货上门、做好售后服务等一系列工作。

5. 客户营销

客户营销是会员管理的最后也是最重要的一步。目前，店铺营销一般采用短信、EDM（电子邮件营销）、电话、礼品赠送等方式。

（1）短信凭借低成本以及顾客查看的高频率成为最常采用的方法，但其整体的转化率偏低，需要根据具体活动力度来施行。

（2）在EDM营销中，客户可以直接点击页面，因而转化率较高，但是客户主动查看的概率并不高。

（3）电话营销准确率和转化率也非常高，然而其成本也最高。

（4）礼品赠送是客户最喜欢的营销方式，但在礼品的选择上要注意控制成本。

五、会员营销的策略

商家实施会员制营销，对消费者最大的吸引力就在于有独特的商品、超值的服务和有一种身份和地位的象征。针对现在各零售企业经营商品雷同、价格无差异、服务无差异、会员与非会员身份也没有明显差别的情况，商家可采取图2-9所示的策略来发挥会员制的优势。

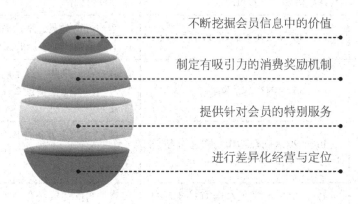

不断挖掘会员信息中的价值

制定有吸引力的消费奖励机制

提供针对会员的特别服务

进行差异化经营与定位

图2-9　会员营销的策略

1. 不断挖掘会员信息中的价值

会员制营销的作用之一就是对消费者信息的收集，现代市场竞争，谁先充分掌握了消费市场的准确信息，谁就掌握了这场战争的主动权，加大了获胜的筹码。商家实施会员制营销，有机会收集到大量的消费者一手资料，包括入会时消费者填写的性别、年龄、地址、性格偏好、受教育程度、职业等，以及消费者在购物时，消费商品的品牌、型号、价格、数量、消费时间等信息，这些信息对决策层针对消费者进行分析以及提供对消费者有效的增值服务都具有指导性作用，同时对这些信息的分析、整理、挖掘，有助于向会员提供全方位的服务，有助于对会员实施个性化、人性化的管理，可以最大限度地满足会员的需求。

2. 制定有吸引力的消费奖励机制

会员卡积分通常都是为了获得相应的赠品或是转换成购物券，然而这些赠品往往价值不高，如一斤鸡蛋、一袋洗衣粉等，而获得这些微不足道的赠品，客户却需要消费三位数以上，甚至更多。而会员与会员之间也没有任何区别，所享受的折扣和积分规则完全一样。

因此，商家首先就应该根据消费者的消费金额按ABC进行高度细分，对不同的客户在积分规则、礼品兑换、购物折扣方面区别对待，消费金额越多，办卡时间越长的客户，享受的优惠就越多。

同时，为会员提供多重优惠，具体如下。

（1）当会员持卡购物时，对于门店中已经打折的商品可以用会员卡在此基础上进行二次折扣。

（2）推出卡友独享优惠，即专门的会员价和会员日优惠，只有持卡会员才能享有。

（3）推出会员专属商品优惠，挑选一些有吸引力的商品，只有持卡会员才能以低价购买这些商品。

开店秘诀

只要消费者不断在门店消费就可以让会员卡升级，就可以获得更大的折扣优势和积分优势，就可以享有更多的优惠，这样会刺激消费者不断消费，这对门店和消费者都有利，门店也会因此留住自己的忠诚客户，真正积累自己的客户资源。

3. 提供针对会员的特别服务

随着消费水平的提高，消费者的消费观念也发生了很大的变化，他们消费的需求已经不再仅仅是以最低的价格买到尽可能好的商品，而是希望消费过程中得到商家的尊重、认可，获得更加个性化、更加舒适的服务，更好地享受购物过程带来的乐趣，以达到心理上的满足。对于会员，这种观念也更加明显，他们需要在购物时得到商家对他们更好的、与非会员有明显区别的服务和特别待遇，在心里感受到自己作为会员的尊贵感。

（1）商家应该提高总体的服务水平，对员工进行培训，员工要做到态度良好、行为规范、提供服务有效率，这是一切工作的前提，不应该只看到利益而忽视对服务水平的提升。高水平的服务，不管对于一般消费者还是会员消费者都非常重要。

（2）有条件的门店，可设置专门的会员休息区，由专职人员管理，提供茶水、报刊杂志、电脑、沙发等，拥有会员卡的会员消费者可以出示会员卡到休息区中休息以缓解购物疲劳。

（3）收银处设立一定数量会员专用收银台，当节假日有较多消费者排队结账时，会员消费者可以到会员专用收银台结账，使会员减少排队等待的时间。

（4）消费者需要的商品类型或型号目前门店没有时，会员消费者可以对商品进行优先订货。

（5）对驾车购物的会员消费者，凭会员卡享有优先及免费使用车位的权利，同时商家为会员消费者提供低价格的洗车服务。

4. 进行差异化经营与定位

通过调查发现，会员卡对消费者失去吸引力一个重要的原因就是各商家之间经营的商品都大同小异，在这个门店能买到的商品，在别的门店也能买到。随处可见的便利店，相差无几的价格，大同小异的商品使会员只不过是换个环境购物，并没有特殊的商品和服务真正吸引他们，使他们忠诚于某个便利店。

因此，商家应加强对商品的管理，提供同类竞争门店没有的、对消费者真正有吸引力的商品，大力引进品质好、价格优的商品。同时，可以邀请有代表性的会员，参加产品的设计或者商品的引进讨论，这样一来，商家的商品引进计划才能更加符合目标消费者的需求，也让会员能够产生信赖和归属感。商家还应加大自有品牌商品开发力度，自有品牌商品是零售企业提高自身竞争力的有效手段，也是吸引会员消费的有力武器。

第三节　小程序营销

当今零售行业竞争越来越激烈，商家只有想方设法依托互联网和一些新兴技术，对商品的生产、流通与销售过程进行升级改造。于是近年来，不少商家都选择制作自己的小程序，使用"线上＋线下"的方式帮助自己打开更多销售渠道。

一、什么是小程序

小程序是一种不需要下载安装即可使用的应用，它实现了应用"触手可及"的梦想，用户扫一扫或者搜一下即可打开应用，也体现了"用完即走"的理念，用户不用担心因此安装太多应用。

1. 小程序的特点

小程序具有图2-10所示的特点。

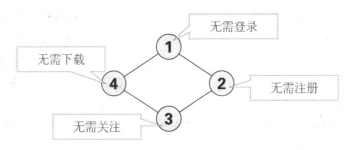

图2-10　小程序的特点

2. 小程序的优势

小程序共享微信十多亿用户，推广更容易简单，成本更低，解决线下到线上和线上到线下的流量转换，实现O2O模式，操作界面和流程更流畅，用户体验更好，媲美APP；微信入口不用安装，即开即用，用完就走。

3. 小程序的流量入口

小程序流量入口众多，可以通过二维码、浏览过的小程序、商家公众号关联、微信搜索、好友分享、微信群分享、消息通知、客服咨询、置顶小程序、添加桌面等方式获得用户流量。流量入口越多，营销推广越容易。

二、小程序营销的好处

对于便利店商家来说，用小程序营销，具有图2-11所示的好处。

图2-11　小程序营销的好处

1. 获客成本低

零售行业的运营成本持续上升，商家所承受的成本压力凸显，加上门店的引流获客方式和能力有限，商家在精准获客以及用户留存和转化方面无法达到需求量，这是商家急需解决的问题。随着市场的改变和发展，部分商家开始从传统营销向小程序营销转型，在小程序的助力下，获客方式变得多样化，能挖掘更多的潜在流量。

小程序作为零售行业最好的载体，能实现线上线下的营销闭环，改变商家传统的经营模式，让商家不再只是单纯向用户销售商品，还要注重门店的数据分析并优化用户的消费体验。商家建立低成本的运营模式，通过营销手段促进用户和商品的连接，将两者进行精准匹配，实现价值最大化。

2. 扩展获客渠道

（1）小程序流量入口多。传统零售获取用户的方式是依靠地推、传单，基本上没有更好的方式和策略，让获客变得困难。而小程序线上线下相结合，自带多个流量入口，如图2-12所示。

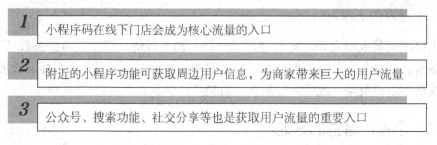

图2-12　小程序的流量入口

（2）小程序分享传播快。传统零售对于分享传播只能借助周边用户的资源，没有更多有效的传播途径。而小程序可以利用社群进行分享，设置分享获得优惠券、折扣等方式，这样除了能提高用户的复购率，在社群中刺激用户产生分享行为，提高品牌的曝光率，还能利用社交分享的优势，获得有效的用户裂变。

（3）小程序增加互动性。传统零售方式中，商家和用户的社交互动只体现在消费场景里，没有其他方式开展高效的互动活动，难以提升用户的留存率。而商家在小程序开展营销活动或者设置论坛，除了消费场景中互动，营销活动的互动可以增加趣味性，在论坛可以通过评论、点赞等形式，让商家与用户、用户与用户之间直接互动，有利于提高用户的活跃度和留存率。

3. 实行精准营销

传统零售在获取用户消费、用户浏览以及商品销量等信息后并没有将其数据化，而小程序可以实现数据分析，提供数据化方案，为商家判断用户的消费倾向、消费行为等提供依据，从而实行精准营销，具体体现如图2-13所示。

1 有了数据化的优势，商家可以轻松实行精准营销，向用户推荐相应的商品，并进行引导，有效促成成交

2 配合积分商城、会员储值等功能，商家可以更好地连接用户，打通线下消费数据，升级营销模式

3 开展预售模式，解决门店以往只是按照大概数量进货而导致货存不足或者货存积压的问题，有用户需求数据能更准确地进货

图2-13 小程序实行精准营销的体现

商家通过数据化管理用户，精准结合商品和服务，能更好引流用户、沉淀用户和维护用户。

4. 丰富消费场景

小程序帮助零售商家实现用户数据化，配合线下的消费场景需求，带动全新的消费体验，打通线上和线下的营销渠道，更快将零售落地，将线下服务转向线上，大大缩短了商家触达用户的路径，具体表现如图2-14所示。

 依托小程序的线上流量，零售门店商家可最大化挖掘用户价值，吸引用户进行消费，助力商家提高销量，实现流量到销量的转化

 小程序加强了社交分享的能力，丰富了营销功能，并促成裂变式营销，例如:推送各种优惠券，用户通过兑换优惠券、满减券等消费，能够享受特价优惠，还能提升门店的销量；分销活动通过佣金奖励的制度，让每一个用户都能结合社交关系帮助商家获取更多新用户

表现三 引导老用户在消费后进行口碑裂变营销，帮助商家提高推广效率。小程序改变传统零售，帮助零售商家连接用户、运营用户，从而让商家获得有效的销量增长

图2-14 小程序缩短了商家触达用户的路径

5. 搭建会员体系

一般的小程序开发商都会提供免开发的模板小程序，只要填写资料并符合条

件，就可以创建商家专属的小程序商城，并设置会员功能，同时，后台还能看到会员办理、复购数据情况，一目了然。

 **相关链接**

小程序与新零售的完美结合

1. 全链路打通

小程序通过打通企业全链路营销路径，进行数据赋能，比如小程序商城、各大电商平台、线下店面、会员、POS机等全部打通，打造去中心化的新零售体系。

2. 千人千面推送信息

企业所有的数据资产会沉淀在一个数据中台，根据企业获取的用户画像，当企业想要进行促销、唤醒会员、提示新品上架等活动的时候，要千人千面地推送信息，就是顾客喜欢什么就给顾客推荐什么。

3. 多渠道裂变用户

利用数据中台的数据和小程序开发的营销工具，可以有效地进行用户裂变，比如目前效果比较显著的分销、抽奖、优惠券、秒杀、社区拼团等。

三、搭建人性化的小程序商城

商家要想借助小程序实现营销拓客，那么必须要从小程序本身下手，做好便利店小程序设计和个性化布局，搭建好小程序商城，赢得客户的好感。客户只有认可了，才会愿意在商城购物。

小程序商城的布局要人性化，这样有助于优化客户的体验。

比如，××便利店搭建的商城页面，就有如下功能：

① 明确的产品分类、单独优惠活动与产品列表，让用户能更便捷地获取所需产品。

② 商城首页设置滚动公告，时刻向用户传达新品及优惠信息，促进用户下单。

③ 商城有上新或活动时，系统向用户主动推送消息提醒用户关注，达到召回粉丝的目的，刺激二次消费。

这样，当客户打开小程序商城的时候，可以在首页看到不同模块，每个模块都有一类商品。清晰的商品分类，便捷的搜索功能，舒适的页面颜色，这些都能提升客户的满意度。人性化的布局让客户喜欢上商城，喜欢上商家，为商家打造品牌奠定了良好的基础。

美宜佳小程序商城界面截图如图2-15所示。

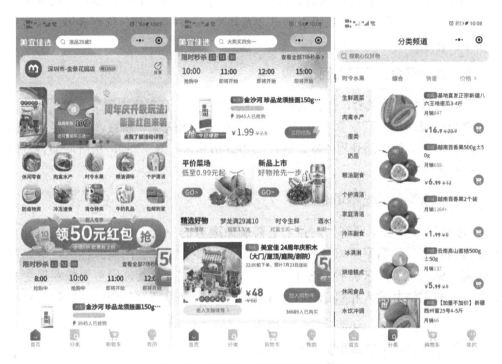

图2-15　美宜佳小程序商城界面截图

四、小程序引流的技巧

在新零售时代，如何给自己的小程序商城带来更多订单和私域流量，是新零售商家们需要着重考虑的问题。那么作为便利店经营者，如何才能吸引更多用户到自己的小程序商城呢？可参考图2-16所示的技巧。

提前通知　　更新颖吸睛的商品页面　　使用优惠券等营销功能　　"边看边买"直播卖货模式

图2-16　小程序引流的技巧

1. 提前通知

便利店如果有自己的微信公众号，就可以提前 1 ～ 2 周推送自己的活动信息，并且要多推送几次，让更多客户能看到，同时也加深粉丝对活动的深刻印象。

便利店还可以在小程序内设置弹窗，这样当用户点进程序时，他们一眼就能明白在做什么活动。弹窗能有效吸引用户，尤其是一些秒杀活动、优惠券等，对客户转化非常有用。

2. 更新颖吸睛的商品页面

互联网时代的消费者，往往更喜欢追求新鲜刺激。在零售电商竞争激烈的背景下，要想脱颖而出，商家就需要让自己的小程序足够吸睛、新颖，让顾客有眼前一亮的感觉，让他们感受到"哇，这次年中促销非常与众不同"，从而增加浏览时间、提升转化率。

3. 使用优惠券等营销功能

"优惠"直接关乎顾客的利益，更能刺激顾客的感官。想要做好营销，没有优惠活动怎么行？商家可以在自己的小程序商城中设置统一的满减优惠、特定商品优惠、免邮优惠，来刺激顾客下单；或利用"拼团"功能，顾客要想获得更多优惠，就要邀请其他人和自己拼团，从而形成"老客带新客"的局面，促使粉丝裂变。

4."边看边买"直播卖货模式

在信息大爆炸的传播环境下，商家要想博得消费者的更多关注，就需要不断创新卖货模式。而近期兴起的"小程序直播"卖货方式，商家就可以好好利用起来。

电商直播能即时连接消费者，且通常用户停留在直播间的时间更长，毕竟这种方式比自己干巴巴地浏览更生动有趣。多用直播的方式促销，也有助于商家加固自身私域流量。

开店秘诀

想要做好电商营销，也需要更具特色的商品，加上更具引爆性的内容。商家利用上述方法来制作小程序，既能提升品牌吸引力，又有利于销量提升。

×××便利店用优惠券小程序找回客流

"优惠"直接关系到顾客的利益，更能刺激顾客的感官，所以，主打让利与优惠的"×××优惠券"成为了×××便利店上线的第一款小程序，如下图所示。

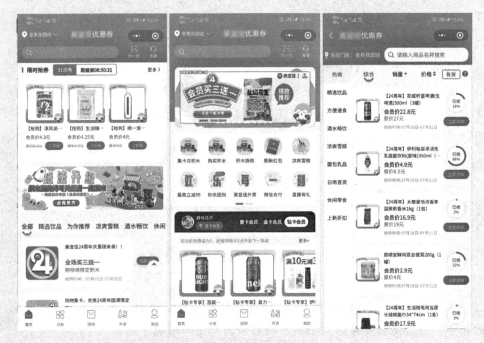

×××优惠券小程序界面截图

在这之前，×××的每个门店都发纸质的优惠商品宣传册，这也是一般传统便利店的做法。然而，这种形式存在着众多弊端：触达不够直接、转化率不高、成本高。

而优惠券小程序的出现，相当于把纸质优惠宣传册搬到了手机上，不但降低成本，而且触达更高效，核销率也显著提升。

单单优惠券还不够，大把的优惠券，用户嫌烦不愿意用也是问题。这里不得不提到×××的"秘密武器"——三码合一。

传统的优惠券码都是独立的，但这种独立码存在诸多问题，一是门店需要提前录入，操作上比较繁琐；二是存在一定的操作门槛，可能会有部分店员不懂操作；三是"薅羊毛"，因为无法判断优惠券的使用者信息，所以可能会有

"一人多券"的情况发生，不仅使得门店受到损失，也"掠夺"了其他顾客的利益。

和微信团队沟通后，×××推出了三码合一的做法，即优惠券、支付、会员等三码合一。一来简化了操作流程、提升了效率；二来也避免了"薅羊毛"党的"入侵"，因为优惠券的领取使用与会员身份绑定在一起，也就直接解决了"一人多券"的发生。

由于"三码合一"，顾客使用过优惠券，便可以直接成为×××的会员，而这批用户，也就"留下来"了。

虽然核销率提升了，但×××还要在顾客心中建立起"优惠"的标签与印象，让用户养成浏览优惠券的习惯，这样不仅可以带动其他商品的购买率，也能培养竞争力。

×××在优惠券小程序的推广上下足了功夫。

一方面在线下门店推广，推出各种优惠方式，引导用户使用；另一方面，也深度挖掘微信生态的流量价值，有附近小程序的入口推广、有朋友圈的广告推广，以及进行公众号等私域流量的推送等。

对于优惠券的推送，×××并不是毫无章法。根据用户数据的分析，其做到了千人千面；根据每个店铺的位置与商品等信息，其也做到了千店千面。

比如，一位常买酸奶的顾客，接收的优惠券推送便会以酸奶偏多；而不同的门店，因为商品及库存的不同，所推送的优惠券也都不同。

"×××优惠券"小程序目前的用户访问来源有52%是来自首页下拉入口，这说明已经有超过一半的用户养成了使用优惠券的习惯。

五、小程序推广的方式

小程序商城上线后，还要做有效的推广，才能让更多的顾客看到，从而提升门店的销量。

1.线下扫码

线下扫码是小程序最基础的获取方式之一，此"码"就是用户熟知的二维码。商家可在门店的入口、收银台等显著位置，张贴小程序二维码。用户通过微信扫描线下二维码，即可进入小程序。商家可以将二维码与营销活动相结合，吸引用户主动扫码。形成"码—小程序—支付"的模式，完美地连接线下的场景和线上的服务，消费者可即用即走，有助于提升线下服务效率。

2. 关联公众号

小程序可以通过关联公众号实现介绍页展示、模板消息推送、自定义菜单栏入口设置、图文中插入小程序卡片、图文CPC（按点击计费）广告、会话下发送的小程序卡片、小程序落地页广告等。

通过小程序关联公众号，可以无缝连接形成直接高效的宣传方式，帮助小程序获取巨大流量，公众号主导线上，小程序发力线下，实现线上和线下流量融合，公众号生产内容，触达粉丝和用户，小程序做商业服务和交易变现，将两者结合起来，就能将营销在微信的生态体系内完成，形成营销闭环。

如果便利店有自己的公众号，就可以在公众号文章中插入小程序卡片进行推广。如果便利店没有自己的公众号，也可以与其他的公众号合作来推广。

3. 附近的小程序

微信小程序自带的地理位置，包括附近小程序列表以及分类、附近小程序列表广告。商家在后台开通"附近的小程序"功能后，附近5 ～ 10千米范围内的顾客都能搜索到商家设置的门店小程序，用户点击之后即可进入。

"附近的小程序"的功能可以帮助商户快速、低门槛地在指定地点展示小程序，以方便被周围的用户找到并使用，快速培养用户的使用习惯。"大场景+小场景"的组合，使得小程序的服务场景更加细化。

 开店秘诀

1个公众号只能设置1个门店小程序和10个地点，服务类目每个月可修改3次，一共可添加5个服务类目。

4. 社群分享

社群分享主要有聊天小程序和群小程序两种，简单来说就是小程序能够以小程序卡片的形式出现在微信聊天界面中，同时在聊天详情界面中，也能找到聊天小程序的入口，点击后就能看见你与好友、群成员聊天里收到、发出的小程序卡片。

商家可在第一时间将优惠活动信息展现给用户，用户点击之后即可参与，实现快速获客。通过群内陌生好友之间相互推荐，实现口碑营销，快速裂变。

利用小程序群ID的功能，开发者可以针对各个微信群的特色提供个性化的服务与内容。

5. 社交立减金

社交立减金指的是用户在小程序内完成支付后，商家可向用户赠送购物"立减金"，用户必须分享给好友才能领取，而好友领取之后可直接进行新一轮消费。

用户在门店消费后，商家就能给用户推送模板消息领取立减金，实现以老带新，通过好友分享快速实现裂变，降低拉新成本。商家可根据不同用户标签属性，配置分发不同金额的立减金，如新老用户、是否会员等。同时也可根据用户喜好，来推荐个性化的商品，提高转化率，这种直达的小程序服务，能够促进消费，用户收到立减金后往往会快速行动，进行交易。

6. 消息通知（服务通知）

当用户完成支付或者提交表单时，小程序就能给用户推送服务消息，每条通知以卡片的形式呈现，包括小程序的logo、名称、通知时间、通知内容等信息。

用户在接收消息后，查看消息的同时就能便捷地回到小程序，进行相应的业务处理、信息查看等后续操作，一定程度上提升了用户的活跃度，并且可以引导用户进行下一步行动，增加了产品的曝光率，有利于用户留存，增强用户黏性。模板消息可以直接在微信聊天框中查看，符合用户处理消息的习惯，使用户掌握商家服务更加便捷。

7. 微信搜索

小程序在微信体系内的搜索机制是基于关键词来搜索的，商家可以根据品牌词、竞品词、产品词、人群词以及用户在小程序内的使用习惯数据，对小程序关键词进行优化，提升小程序的搜索排名，增加小程序曝光度。

小程序的排名规则如下。

（1）小程序在搜索时出现的先后顺序与小程序上线时间有关（占比5%）。

（2）描述中完全匹配出现关键词次数越多，排名越靠前（占比10%）。

（3）标题中关键词出现1次且整体标题的字数越短，排名越靠前（占比35%）。

（4）微信小程序用户使用数量越多，排名越靠前（占比50%）。

8. 小程序互跳

同一公众号关联的10个主体小程序和3个非同主体小程序之间可以相互跳转。

小程序跳转的形式多样，可以是图片、文字、二维码等。这样有利于商家形成小程序矩阵，为用户提供更加全面、流畅便捷的服务，提升转化率。小程序的各个页面信息都可以作为广告进行出售（如：横幅广告、页眉页脚板块等），同时不同的商家之间达成异业联盟，对于推广来说，无疑又是一个巨大的宝藏。

9.线上识别二维码

与二维码相比，小程序码容错率更高、识别性更高、安全性更高，而且更具个性化。对于小程序线上推广而言，长按识别二维码的功能出现后，使小程序的使用空间进一步扩大。微信好友、群、公众号图文、朋友圈发送小程序，全都可以正常启动小程序。特别是朋友圈的分享，开发者结合用户需求，生成带小程序二维码的海报，让用户将海报分享在朋友圈，就可以让朋友圈给小程序导流。

10.小程序朋友圈广告

在朋友圈中的小程序广告，点击可直接进入小程序页面，用户浏览后可直接分享至好友和各种群聊。

 **相关链接**

××便利店运用小程序提高客户复购率

近年来，随着互联网发展，诸如永辉、家乐福这样的大型商超，都在搭建自己的小程序商城，目的是锁客，吸引复购。相比于大型商超，中小型的社区便利店也可以搭建小程序商城，提高客户复购率。

××便利店主要经营零食百货产品，涉及酒水、零食、干货等产品，以周围小区居民为主，有自己的实体店铺和微商城。

2020年刚上线了小程序，在半年多经营的时间里，每月交易总额提升50%，还通过小程序会员体系，使老客户二次复购达到了80%。

××便利店小程序会员营销策略如下。

1.吸引顾客到店，设置会员优惠券

顾客扫码进入小程序后需要先成为会员。通过分享活动页面海报，邀请5名好友来参加活动，被邀请人可以免费领取会员卡（包含10元优惠券）或者也参加分享活动，完成任务后邀请人即都可获得免费商品券1张（价值18元的抽纸一提共计3包），商品需要到店才能领取。

2.进店顾客转化，设置会员专享商品

在××便利店小程序开展会员活动初期，因为卫生纸人人需要，就把售价25元的卫生纸作为会员商品。

当顾客开通小程序会员后，10元就可买到一提，这样大的优惠，一下子就抓住了顾客的心。

同时，当会员购买低于市场价的卫生纸时，会发现还有很多其他的东西也很便宜，比如说零食、酒水、袜子等，由此便带来了复购。

更可贵的是，从现在便利店的商品选品来看，大部分都是烟酒零食，日化反而是个短板。而××便利店通过小程序会员功能，有效带动了便利店日化商品的销售。

3.积分商城兑换，打造营销闭环

××便利店在会员政策上，还采取会员积分换购模式，当会员消费、签到时都可积累积分，积分可兑换礼品。这样不仅帮助门店增加用户黏性，促进用户进行更多消费，还有效缩小了销量下降的幅度。

4.支持线上下单，线下同城配送

××便利店在线上小程序商城设置20元起送价格，这样用户用小程序下单后，商家在后台就能收到用户的下单信息，就可以立马为居民送货，不仅方便用户，还能提升其信任感，提高收益。

同时，用户在小程序商城下单后，可提前预约时间到店自提，这样对于上班族而言，很大程度上减少了到店购买排队的时间，提高了效率。

其实，便利店的客人都是快进快出，必须要在极短时间内引发他的兴趣，而用小程序这种简单的方式，极其有效。

第四节 社群营销

相比于传统的营销手段来说，社群的概念本身就是私域流量的一部分，社群营销本质是低成本引流新客户、快速建立彼此信任、提高弱关系的成交率、增加老客户或强关系的裂变，通过有价值的互动，建立强关系，提高群员的关注度和参与感。

一、什么是社群营销

社群营销是在线上社区营销及社会化媒体营销基础上发展起来的用户连接及交流更为紧密的网络营销方式。社群营销主要通过连接、沟通等方式实现用户价值。

简而言之，社群营销就是通过建立很多群，将目标客户吸引汇集到一起，持续提供客户所需的商品或服务，进而变现的一种营销模式。

人的社会性与群体性，是社群营销的基础。

二、社群营销的好处

对于传统零售企业来说，社群营销可以带来图2-17所示的好处。

建立信任的平台

建立交互平台

建立全新的营销模式

图2-17　社群营销的好处

1.建立信任的平台

买家与卖家建立信任的关系，有助于商品的销售。门店销量不高，也是因为买家与卖家之间未建立信任的关系。社群营销利用搭建的社群作为桥梁，为顾客与商家建立信任的平台，这样就为后期的销售做好了铺垫。

2.建立交互平台

传统的门店销售商品总是单方向的，交易双方完成订单后，两者就没有关系了。那么顾客后期复购的可能性就会比较小。如果建立交互的平台，两者可以相互交流，情况就不一样了。

比如，顾客在商家的群里叙述自己使用的某件商品不好用，然后提出一些毛病，这样商家就可以清晰地了解客户的需求和偏好，给予新的推荐，这样就很容易形成新订单，这就是交互带给商家的优势。

3. 建立全新的营销模式

大家在消费的时候，总是会关注商品的质量和价格，这两者似乎存在着矛盾，高质量与低价格怎么统一？相信团购就是解决这个问题的完美方法之一。社群团购模式的建立，可以为客户提供高质量低价格的商品，赢得客户的满意。

现在的市场竞争压力很大，商家经营离不开客户流量。然而要想获得更多有效的客户流量，就需要借助一个平台来经营客户。社群营销就由此而生，因此便利店走社群营销之路是市场发展的必然趋势。

三、营销社群的运营

便利店可按图2-18所示的步骤来运营营销社群。

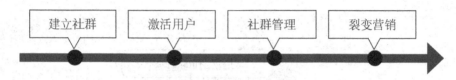

图2-18　营销社群的运营步骤

1. 建立社群

建好群是做好社群运营的重要基础。便利店具备非常好的建群条件，尤其是连锁便利店，本身已经有品牌背书，有一定的稳定客群。

（1）按顾客维度建相关的群。便利店建群，不能是一个粗放的建群模式，也就是把所有人，不管其属性、消费能力、诉求点差异等都拉到一个群里，这样的群在未来运营起来会非常困难。这也是目前很多群成为"死"群，或者是群里个别人活跃、大多人"潜水"的主要原因。

便利店应该建立社群运营的矩阵，可以根据不同的维度建立相关的群。可以从以下维度区分。

①属性。包括性别，如男人、女人；年龄，如年轻人、老年人；职业，如职员，学生等。不同属性的人往往缺乏共同语言，没法在一个群里聊天。

比如：老年人的群要以健康、养生为主题；年轻人的群要以时尚、好玩、专业为主题；宝妈的群要以专业育儿为主题。

②消费能力。消费能力的差异直接决定了如何去运营群，如果把不同消费能力的人拉到一个群里是很难运营好群的。

比如，你不断推送一些品质商品，消费能力低的人就会感觉价格太高，如果你迁就低消费，需求能力强的消费者就可能会远离。

总之，针对不同的顾客属性和消费能力，要建不同的群，确定不同的交流主题。

（2）社群定位。既然是社群，就一定要有一个群体定位，一个调性。物以类聚，人以群分。社群营销的思维模式就是找到一群"同频"的人。所谓的"同频"，就是有共同的爱好、需求或相同属性的群体。而只有明确了社群定位，才能吸引同频的目标顾客入群、互动、长期停留和变现转化。

社群定位的直接表现就是"社群命名"。

比如：一家独立门店，建议可以将社群名称人格化，如"董小姐的便利店"，这类名称有利于拉近门店与顾客间的心理距离；一家连锁门店，就要对社群名称进行统一规划，常规命名方式是"品牌名称+门店名称+品类名称+群编号"，如"佳乐家TOP会员店生鲜1群"；也可以综合以上两种方式进行命名，如"××社区便利店兄弟姐妹福利1群"。

总之，社群定位要通过命名和日常维护，体现便利店品牌形象和品类特征。

（3）群员数量。群的人员数量的多少，要根据实际情况确定，一般不要做大群，人数一般在200人左右最佳。关键是要把相同属性的人员拉到一起。

（4）建群的方法。建群的方法可以有多种，主要如图2-19所示。

方法一	扫描二维码入群，门店要设置一些便于顾客入群的方式，提供不同的群，方便顾客入群
方法二	店内员工推荐，推荐顾客入群要成为店内人员的主要动作
方法三	顾客推荐，最好是能达到这样的效果，这样能够产生更信任的关系，能够产生更好的效果

图2-19　建群的方法

开店秘诀

便利店特别要重视建好种子用户群，这些群成员会产生非常重要的传播价值，有助于门店的经营。

2. 激活用户

建群后，在群的运营中，最重要的动作是激活群成员，也就是目标顾客。最终能够达到的目标是：群成员产生高度的信任、产生高度的依赖，最终把这种信任与依赖转化为到便利店消费。

也就是说，激活的目标就是：增加目标顾客的到店频次、活跃度，由周活变日活，甚至变成日三活。

那么，该如何激活群内的用户呢？可参考图2-20所示的七大法则。

图2-20 激活用户的七大法则

（1）情感激活。群往往是一个讲情感的空间，群将在很大程度上弥补便利店与目标顾客之间的情感上的空白，有效地解决便利店这个无情感主体的"法人"与情感丰富的自然人的情感连接。

群要讲情感，用情感去连接目标顾客。在群的环境下，是要用情感拉近便利店与目标顾客之间的社交距离。如果不讲情感，还是一种"硬邦邦"的卖货关系，就失去了做群的重要意义。

（2）商品激活。便利店做社群，最终一定要与自身的商品经营紧密结合。群适合选择什么样的商品，适合推送什么样的商品信息，一定要结合群的特征，尽量产生话题，使成员共鸣，产生引爆的效果。

群推送的商品要精心挑选，不能只靠价格吸引顾客。商品选择很重要，商品要具备图2-21所示的"三新"特征，还要具备一定的独特性。

图2-21 群推送商品的特征

便利店还要把商品与有关的内容和传播方式相结合：一是用内容赋予商品更多的价值增值，二是用不同的传播手段（小视频）提升商品的关注度，使之能够产生激活群成员与不断放大传播的最佳效果。

（3）内容激活。要想激活群成员，内容传播非常重要。要结合群成员的特征，选择适合的传播内容。好的内容可以产生黏合剂、润滑油、放大器等重要的作用。

目前，做内容的方式很多，可以是图文，可以是小视频。特别是小视频，其传播效果非常好。

（4）KOL（关键意见领袖）激活。KOL营销泛指有KOL参与的社会化媒体营销传播行为，兼具群体传播和大众传播的传播优势，其营销价值也受到市场的认可。

便利店在社群营销中要高度重视KOL的价值，要结合社群运营培养自己的KOL——美食达人、育儿专家、养生专家、运动专家，使他们在社群中逐步发挥重要的作用。

要用好门店商圈周边KOL——广场舞的召集人、健身教练、跆拳道教、高级月嫂、知名厨师等，使他们与你的社群运营做好紧密结合，发挥好他们的价值。

（5）活动激活。便利店要不断组织各种创新活动，包括社群当中的活动和各种的线下活动。

便利店要特别结合有门店的这一突出优势，要把社群运营与到店活动做好结合，发挥好"店＋社群"的优势。要结合社群成员的特点，组织一些有价值的体验活动，如品牌体验、采摘活动、亲子活动等，发挥激活群成员、拉近距离的重要价值。

（6）红包激活。红包是微信平台的一个重要功能，可利用其激活群成员，便利店要科学有效地用好红包这一重要手段——什么样的群适合发红包，什么时间发，发多少，必须要设计一套规则。特别是要结合群的实际，把红包激活与强化群成员关系紧密结合。

开店秘诀

在营销的环境下，任何的动作必须要有明确的目的性。发红包也一样。

（7）小程序激活。小程序是微信创新的用技术手段建立连接、激活群成员、产生更大营销价值的主要技术工具。小程序可以产生基于群的环境下系统化的营销价值。

便利店要从建立连接开始，通过小程序实现与目标顾客在线连接的目标，把小程序变成连接顾客的主要手段。连接以后如何导入相关的营销动作，便利店需要配置适当的在线化营销平台。这种在线化的营销平台，可以实现满足企业在线交易、对接第三方到家平台、在线化的营销等更多功能价值。

在线化的营销环境下，企业的营销理念、营销手段都需要调整，要逐步放弃以价格为竞争手段，放弃盲目追求高客单价，营销目标转变为让目标顾客增加到店频次、增加购买频次，产生有效复购率。

3. 社群管理

运营好群必须要有一套完整的管理规则，要有专人管理（没有专人管理的群非常容易陷入混乱）。

（1）选好群主。通过观察很多的群管理，可以得出这样的一个观点：不是所有人都会管理群。很多人不具备这种社交管理的能力，有很多的店长也不会管理群。具体来说，群主应具备图2-22所示的能力。

一定要具备较强的社交能力，特别需要具备管理熟人、半熟人的能力，有把陌生人变成熟人的能力

能力

要热情、细腻、周到，还要有一定的格调

图2-22　群主应具有的能力

另外，商家要对群主登记备案；在管理形式上也要建立群主群，方便活动方案、预热、政策、指令、培训等信息的发布和交流；要研究群主的奖励机制和带货分成政策。

（2）建立群规则。没有规则的群肯定做不好。群要确定主题，群的交流要围绕主题展开，尽量不能太偏离群的主题，更不能违反政治纪律和违法。

开店秘诀

面对越来越多的群，做好群还要特别注意以下原则：尽力为成员创造价值，尽量减少垃圾信息的打扰。

（3）定期调整。便利店的群要定期调整，具体方法如图2-23所示。

要通过群的运行，把一些有价值的顾客逐步筛选出来，加入到门店的VIP顾客群中，逐步把一些无效群成员剔除

方法

通过适当的调整，提升群的价值，提升活跃度

图2-23　定期调整群的方法

4.裂变营销

社群要持续发展，一定要靠会员裂变会员，还可以做社群裂变。社群裂变的几种玩法和建议如下。

（1）矩阵式营销。通过建立微信公众号矩阵、抖音小视频矩阵等将所有连锁门店的平台资源串联互动，这里注意一点就是形象设计的标准化和一致性，需要持续向顾客传递相同的信息。

（2）线下为线上引流。实体店搭建社群，首批目标群体是进店客群，通过赠送小礼品，就可以将众多用户拉进群。可以通过朋友圈吸粉到群、朋友圈有奖转发、朋友推荐、进店客户扫码、发福利、抽奖、海报等方式引流进群。把群的理念传达给目标客户，他们有兴趣了，自然会加入群。

另外，还可以借助门店间、异业联盟客户间相互引流，例如帮助其他商家送电子优惠券、打折卡、实物小礼品等，顾客扫码进群后，来到自己的门店领奖等方式，将客流导流过来引进社群。

便利店还可以与多种业态或者异业商户进行合作，如购物中心、建材家居生活广场、餐饮店、娱乐城、加油站、电影院等，采取积分互换，相互引流的模式，不仅可以消耗会员顾客年度会员积分，还可以使不同业态实现目标顾客的互通，如果方案制定得好，奖品有吸引力，异业之间配合执行到位，这种引流模式是值得长期推广的。

（3）"关键人物"催化。畅销书《引爆点》有个核心观点：流行潮是否能发生，决于时间、地点和条件，而个别人物对一个营销事件中的加快传播具有关键性推动作用，这个个别人物就是所谓的"关键人物"。

比如"老乡鸡"营销事件，其董事长束从轩作为"关键人物"真人出镜，是"老乡鸡"品牌裂变吸粉最关键的因素。

（4）慎用裂变工具。尽管社群裂变有"爆汁""任务宝""建群宝"等各种各样的小工具，但作为传统零售业而言，一开始不建议使用这些套路工具。因为零售业的实体门店对消费者而言本身就是一种担保，依托线下引流也是有诚意的表现，一定不能让小工具打扰顾客，影响顾客好的社群营销体验。

四、社群营销的策略

加入社群，对于消费者来说，只是一个获取优惠的简单操作；对于商家来说，却是一个提高用户与品牌黏性，让品牌可以重复触达用户、多次销售的重要操作。对于商家来说，可以采取图2-24所示的策略来做好社群营销。

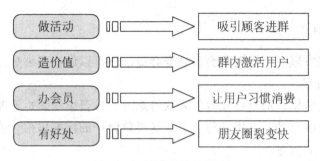

图2-24　社群营销的策略

1. 做活动，吸引顾客进群

商家可以设计一个超低价的引流产品，这个产品必须是刚需，而且价格也是众人周知的。

比如，1袋鸡蛋（5个）只要1块钱，前提是扫码进群，或扫码添加门店客服号，再拉进群。活动一定要做传单，并广泛地派发出去。

2. 造价值，群内激活用户

顾客都进群了，自然要给顾客好处，才能留住顾客。这个好处怎么给呢？

（1）定时发红包。可在群里通知每天几点发红包，自然一到点就会有人在，而且还会吸引用户拉好友进来抢，自动裂变。发完红包后，还要引导顾客互动。

（2）给最佳手气者送礼。每天给最佳手气者或者前三名都设置一个福利，这个福利必须是到店领取。

（3）还可以设置拼团、秒杀等各种活动，只要能引起顾客的兴趣就行。

3. 办会员，让用户习惯消费

如何锁住用户，最好的办法就是让用户充值办会员卡，让用户习惯在这里消费。那如何让用户成为会员？

（1）设置差价。同一商品设置会员价和正常价，且价格要有明显的区别，让用户产生会员优势心理，以此吸引用户办卡。

（2）设置门槛。充值多少送多少，还能成为会员，每单都有特价，甚至有一些会员专享商品。

4. 有好处，朋友圈裂变快

做一张裂变海报，让群里的用户转发到朋友圈，集赞或者转发便可以享受会员特权，成为会员。

节日促销，一直以来是商家的重要营销手段之一。便利店可以运用多种不同的促销模式，反复开展促销活动，并熟练运用优惠券、样品赠送、返还、以旧换新等多种促销工具，提升促销效果。

一、什么是节日促销

顾名思义，节日促销就是指利用传统及现代的节庆来开展营销，以吸引大量客流前来购物，旨在提高产品的销售力，提升品牌形象。

 **相关链接**

节日的分类

1.公众法定节假日

如：元旦、春节、清明节、劳动节、端午节、中秋节、国庆节等。

2.部分公众节假日

如：三八妇女节、五四青年节、六一儿童节等。

3.相关重要纪念节日

如：情人节、七夕节、母亲节、父亲节、教师节等。

当然推广活动不同，节日的重要性也不同，比如、七夕节、情人节绝对是男女之间浪漫的专利。

4.民俗时令

如：重阳节、元宵节、腊八等。

5.其他

如：复活节、圣诞节、店庆日、促销季、美食节等。

二、节日促销的原则

一到下半年，中秋、国庆刚刚结束不久，又将迎来平安夜、圣诞节、元旦，以及中国人非常重视的春节，这一个又一个节日，也成为了商家做促销的好时机，然而如果想要节日促销做得好，还得掌握一定的原则。具体如图2-25所示。

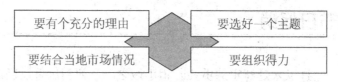

图2-25　节日促销的原则

1. 要有个充分的理由

在参与节日促销之前，必须要搞清楚为什么要进行促销。

比如，过年送礼在中国是民俗，所以好多产品可以推出礼品装。另外，一些平日里价格较高的奢侈品也适合在节日搞促销，这些奢侈品的促销计划和装扮，除了迎合喜庆的文化氛围，还应该考虑消费者的消费心理，设计的活动切不可只重出彩，更应该考虑实实在在能给自身带来销量。

2. 要选好一个主题

节日的促销主题设计有几个基本要求，具体如图2-26所示。

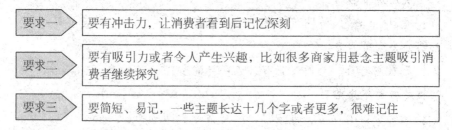

图2-26　节日的促销主题设计要求

3. 要组织得力

节日促销的环境嘈杂，人多，因此组织实施更要有力。搞好节日促销，要事先准备充分，把各种因素考虑到，尤其是促销终端人员，必须经过培训指导，否则引起消费者不满，活动效果将会大打折扣。

4. 要结合当地市场情况

理性预测和控制投入产出比，切不可盲目跟随，挥金如土，突出自己的优势和卖点。事实上，节日促销活动的计划，要"因己制宜"，这样才能取得好的效果。

很多商家是看到别的品牌在促销，自己也促销，这样被动促销，并不能够保证生意的火爆进行，往往还会带来亏损。如果想要促销生意做得好，只有把握了这些原则，才真正会对自己的事业有利。

三、节日促销的策略

便利店在进行节日促销时，需要讲究一定的策略，具体如图2-27所示。

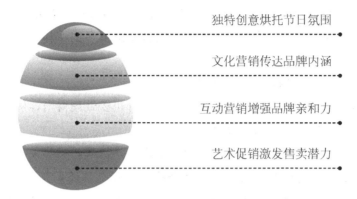

独特创意烘托节日氛围

文化营销传达品牌内涵

互动营销增强品牌亲和力

艺术促销激发售卖潜力

图2-27　节日促销的策略

1. 独特创意烘托节日氛围

节日是欢乐的日子，捕捉人们的节日消费心理，寓乐于销，制造热点，最终实现节日促销。针对不同节日，塑造不同活动主题，把更多顾客吸引到自己的门店来，营造现场气氛，实现节日销售目的。

2. 文化营销传达品牌内涵

文化营销，嫁接节日的文化氛围，开展针对性的文化营销。许多节日都有丰富的文化内涵，如母亲节、情人节、中秋节、端午节。为此，商家在节日促销时一定要把握住节日的文化内涵，充分挖掘和利用节日的文化内涵，并与自身经营理念和企业文化结合起来，这样不仅可以吸引众多的消费者，在给消费者艺术享受的同时，还能带来良好的市场效益，树立良好的企业形象。

比如，情人节可在卖场开展"情侣过三关"和"汤圆代表我的心"活动。

3. 互动营销增强品牌亲和力

生活水平的提高使消费者的需求开始由大众消费逐渐向个性消费转变，定制营销和个性服务成为新的需求热点，商家如能把握好这一趋势，做好节日营销也就不是难事了。

比如，深圳沃尔玛曾开辟先例，让顾客自己设计礼篮或提供不同型号的礼篮，由顾客挑选礼品，不限数量、品种、金额，既可迎合不同的消费需求，又可让消费者充分掌握价格尺度。此法一经推出便受到消费者的欢迎，不仅大大增加了生鲜部的利润，也促进了其他部门的销售。

4.艺术促销激发售卖潜力

节日营销主角就是"价格战"，广告战、促销战均是围绕价格展开。能否搞好价格战是一门很深的学问，许多商家认为节日就要降价多销，其实这种做法就陷入了促销误区，结果往往是不尽如人意。

当然作为节日营销的惯用方法，诸如"全场特价""买几送几"的广告已司空见惯，对消费者的影响不大。因此，如果真要特价也要处理得当，讲究点创意和艺术，这其中"梯子价格"就足以被称道。

比如，第一天打九折，第二天打八折，根据具体情况，以此类推。这样消费者会有这样的心理："我今天不买，明天就会被他人买走，还是先下手为强。"事实上，许多产品往往在第二时段或未经降价就被顾客买走。因此梯子价格既激活门店人气，又延长节日效应，拉动了产品的销售。

四、节日促销活动策划的步骤

商家可针对不同节假日的特点，事先做好活动策划工作，因为真正的成功往往只属于那些能准确地捕捉商机、有备而来者。商家可按图2-28所示的步骤做好节日促销活动策划。

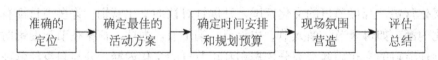

图2-28 节日促销活动策划的步骤

1.准确的定位

准确的定位主要表现在主题鲜明，明确是品牌形象宣传还是现场售卖，不要陷入甩卖风、折价风的促销误区。另外也需要了解竞争对手的动态，特别是在几个大的节日，竞争对手最新的促销意图，比如新品状况、折扣情况、赠品分派、新产品引进等。

2.确定最佳的活动方案

除了事前周密的计划和人员安排，还要有一个好的方案，才能发挥团队作战优势，团结一致，齐心协力地做好工作。确定活动方案的具体要求如图2-29所示。

| 所有的活动安排和物料准备要紧扣活动主题，总负责人要清楚活动的每个环节，了解各环节的进度，及时发现和解决活动现场出现的问题 | 要求一 要求二 | 要对参与活动的人员进行认真的培训，把活动的目的和主旨深入传达到每个人心中，充分调动每位员工的积极性和主人翁责任感 |

图2-29　确定活动方案的要求

3.确定时间安排和规划预算

再好的策划、再好的时机，如果没有完整准确的规划预算，届时产品不充足、促销品不到位、顾客该买的买不到、该拿的拿不到，也必定影响整体活动的效果。

4.现场氛围营造

节日活动气氛包括以下两部分。

（1）现场氛围。现场氛围包括气氛海报、POP（购买点广告）张贴、装饰物品的布置、恰到好处的播音与音乐，这些将会在很大程度上刺激顾客的购买欲望。具体而言，做好主题广告宣传，从色彩、标题到方案、活动等均突出节日氛围，以主题广告营造节日气氛。

（2）员工心情。员工心情的好坏也会直接影响节日活动气氛。这就要看组织者是否能够调动员工的积极心态。其中最有效的方法就是制定一个恰当的任务与销售目标，活动结束后按照达成率情况进行奖赏。

5.评估总结

每次节日营销整体活动都需进行一番很好的评估总结，才能提升节日营销的品质和效果。

比如，评估总结本次活动销量情况、执行有效性、消费者评价、同业反应概况等。

分析每次活动的优点和不足，总结成功之处，借鉴不足教训。评估总结的目的就是为今后规避风险，获取更大的成功。

五、节日促销活动策划的细节

节日促销是营销的重要一环，中国人一向对于重要的节日有着特殊的情怀，喜欢在节日的时候进行采购。所以，商家自然是充分利用消费者的节日消费心理这一点，逢节日必促销已经成为了定律。一般来说，商家在策划节日促销活动时，需注意图2-30所示的细节。

图2-30　节日促销活动策划的细节

1. 做好节假日前的广告宣传

很多消费类产品，如酒类、礼品等在节日里卖得很好，但这种消费并不只是短暂的一两天，而是在一段时期内均具有销售潜力，因此一定要事先发动前期的广告宣传攻势，引导消费者节假日的消费，促成销售旺势的形成。

2. 举办节假日产品展销会

商家可选定合适的节假日，在店门前或门店内举办产品展销会。展销会的形式要生动活泼、观赏性强、参与性强，这样才能吸引过往的顾客驻足观看。可在产品介绍中穿插歌舞表演、脱口秀表演等，进行现场有奖问答，让消费者在积极参与活动中了解产品、认知产品，激发购买兴趣。

3. 布置祥和、热闹的购物环境

良好的购物环境与氛围也是促成购买决策形成的一个因素，应对门店进行精心装扮，统一布局店面广告，商品陈列整齐美观，独具匠心地使用装饰品，如气球、灯笼、彩旗、霓虹灯等，烘托出祥和、热闹的节假日气氛。

4. 恰当地选用各种促销手段

节日前，顾客们都持币待购，货比三家，指盼着能在节假日里花最少的钱买到称心如意的商品，得到最好的服务。假日的销售总量虽比平时多，但也有一定值。而且目前是买方市场，顾客挑选的余地非常大，谁家的优势大，顾客就会选择谁。其中，消费者对价格最敏感，为了吸引顾客，商家可以协调厂商审慎地选用降价、优惠、打折、赠送等促销手段，把节日的销售做得红红火火。

六、节日促销的实施

我国的节日众多，可以按照不同节日，按顺序开展促销工作，从元旦、春节、情人节、劳动节等，直到每年的圣诞节。以下介绍部分节日的促销工作，仅供参考。

1. 元旦促销

元旦是世界多数国家通称的"新年"，也被称为公历新年。便利店元旦促销可做好以下工作。

（1）通过举行猜灯谜活动吸引顾客参与到活动中，可以对猜中灯谜的顾客进行奖励。

（2）以礼品展的形式纪念新年，邀请各家供应商一起参与。

2. 春节促销

春节是中国最富有特色的传统节日，春节一般指正月初一，是农历新年，传统上的"年节"。但在民间，传统意义上的春节是指从腊月初八的腊祭或腊月二十三或二十四的祭灶，一直到正月十九，其中以除夕和正月初一为高潮。

便利店春节促销应做好以下工作。

（1）春节是年货促销的好时机，便利店应与各大年货供应商做好沟通，安排专职促销员入场销售年货，如果仁、曲奇饼等。

（2）将一些常见的礼品，如烟、酒等装入礼篮中，方便春节送礼。

（3）便利店应准备春节专用的吉祥物品，如门联、对联、福字等，设置专门的区域进行促销，如图2-31所示。

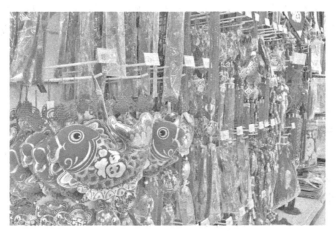

图2-31　年货促销

3. 劳动节促销

"五一国际劳动节"又称劳动节，是世界上80多个国家的全国性节日。定在每年的5月1日。它是全世界劳动人民共同拥有的节日。

便利店开展劳动节促销可做好以下工作。

（1）很多地区五月份开始进入夏季，很多家庭要更换家纺用品，因此，便利店可以对夏凉家纺、防晒型化妆品加强促销。

（2）推出可乐、凉茶等各种饮料专区，加强对饮料的促销。

4. 母亲节促销

每年五月的第二个星期天，是"母亲节"。这个节日为天下母亲所设，是一个充满温馨的节日。

便利店开展母亲节促销可做好以下工作。

（1）康乃馨是子女们送给母亲的常见花朵，便利店可以设置康乃馨专区，摆放大量康乃馨，供人购买。

（2）可以推出化妆品、护肤品的促销活动。

（3）可以推出"购物满××元送鲜花"活动。

5. 儿童节促销

每年的6月1日是儿童节，是属于世界各国儿童们的节日。

便利店开展儿童节促销可做好以下工作。

（1）对饼干、糖果、玩具等商品实施特价促销，吸引家长携带儿童前来购买。

（2）举行儿童抽奖活动，对获奖的儿童奖励适当数量的文具、玩具。

（3）安排专人举行儿童游戏，通过游戏吸引儿童及其家长参加并进入店内消费。

6. 端午节促销

端午节为每年农历五月初五，又称端阳节。端午节有吃粽子，赛龙舟，挂菖蒲、蒿草、艾叶，薰苍术、白芷，喝雄黄酒的习俗。

便利店开展端午节促销可做好以下工作。

（1）便利店应设置粽子专卖区，联系各大粽子供应商，加强对粽子的促销。

（2）安排专人现场制作熟的粽子，当场试吃、销售。

（3）采购小龙舟模型用于促销。

（4）将粽子与冷冻水饺等冷冻食品进行捆绑销售。

7. 中秋节促销

中秋节是每年农历八月十五，是中国的传统节日。便利店开展中秋节促销可做好以下工作。

（1）与各大月饼供应商合作，提前设置月饼销售专区，专门销售月饼。

（2）中秋节时很多人会向人送礼，便利店要准备好，如烟、酒等，可做成礼品盒的形式用于销售。

（3）在月饼促销的同时也加强对各式糕点的促销，具体可采用折价、降价等方式。

8.国庆节促销

在我国，国庆节特指中华人民共和国正式宣告成立的10月1日。根据国家规定，我国人民国庆节享有3天法定假日。

便利店开展国庆节促销可做好以下工作。

（1）国庆长假，出去玩的人多，往往要携带薯片、可乐等休闲食品，便利店可加强对这方面的促销安排。

（2）很多顾客国庆出游会面对阳光直射，为保护皮肤，需要大量护肤用品。门店要加强对防晒护肤商品的促销，吸引更多顾客入店购买护肤用品。

第三章

店铺商品管理

导言

便利店的经营业务是围绕着商品这个核心而展开的。加强便利店商品管理，能提高便利店竞争能力，同时保证便利店正常获取盈利。

思维导图

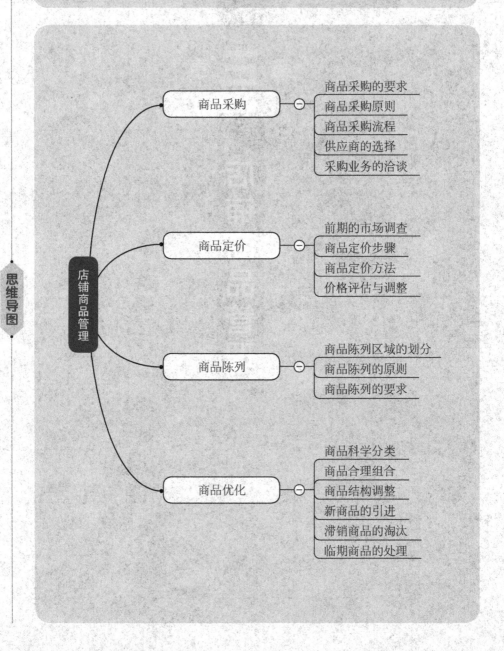

店铺商品管理	商品采购	—	商品采购的要求
			商品采购原则
			商品采购流程
			供应商的选择
			采购业务的洽谈
	商品定价	—	前期的市场调查
			商品定价步骤
			商品定价方法
			价格评估与调整
	商品陈列	—	商品陈列区域的划分
			商品陈列的原则
			商品陈列的要求
	商品优化	—	商品科学分类
			商品合理组合
			商品结构调整
			新商品的引进
			滞销商品的淘汰
			临期商品的处理

第一节　商品采购

在整个零售的链条里面，采购包含从选品到寻找供应商、定品和定价谈判等一系列的动作。整个运营环节都离不开采购的支持，所有运营环节中出现的问题也跟采购息息相关。

一、商品采购的要求

便利店可以在商品分类的基础上，根据目标顾客的需要，选择并形成有特色的商品组合，体现自身的个性化经营。那么，便利店该如何选择并采购商品呢？可按图3-1所示的要求进行选择与采购。

图3-1　商品采购的要求

1.商品质量合适

商品质量合适就是能够满足双方约定的规格和要求，且被大部分消费者所认可。只要满足相关国家规定和双方约定的质量就是好的质量，但商品质量合适不包括假、冒、伪、劣。

便利店也可根据所处地段的消费群体的消费水平，来确定采购商品的档次与品质。

2.商品数量合适

商品数量合适说的是两个方面的意思，一个是品项数量，一个是订货数量。

便利店根据卖场平面布局图，先确定门店经营的总品项数，再将品项分配到各采购人员所管的采购组里面。采购人员根据以上的信息和各个商品大类的不同特点和营运部门密切协商，具体确定各个商品大类的采购品项数。

比如，休闲食品大类，商品的包装绝大部分较小，因而同一个货架要陈列的品项数量和每个品项的陈列量相对就要比卷纸要多得多。

3. 商品价格合适

对于便利店来说，商品的价格线水平必然和这个便利店的总体经营战略和市场定位相匹配。所以采购人员要在前期做了一定的调研和分析后，制定出整个便利店的商品价格政策。

（1）价格档次的划分与价位组合。便利店可将该商品小类按零售价格分为三个档次——低价位、中价位、高价位。

对于便利店来说，零售价格的总体水平，以中等价位的商品为主；同时根据商圈中目标顾客的构成、购买力、购买习惯等因素，以及由采购人员分配给该商品小类的品项数量，来确定高价位和低价位商品的品项数量。

比如，某便利店位于一个高档住宅小区附近，该小区的住户大部分为私营业主、高级白领，平均年龄在35～45岁之间，购买力较强，购买习惯为购买次数少，每次购买的金额高，对于商品的品质和包装较注重，对于价格不太重视。那么对某一小分类做如下分配，低价位10%、中间价位66%、高价位24%。

（2）选择符合价格政策的商品。在确定商品价位组合后，就要在供应商提供的商品里，选择出符合价格政策，同时又能保证一定毛利的商品，也就是开始和供应商议价。

4. 商品包装合适

商品包装合适有两方面的意思，一是本身的包装合适，二是销售包装合适。

（1）商品本身的包装。商品本身的包装是否能保证里面产品的安全，是否容易保管，时间长了会不会变色、破损等，这是采购人员选择商品时所要考虑的。

比如，有的袋装醋，销量很好，但包装太容易破损，进而增加了工作人员的工作量（清洁、退货等），弊大于利，如果厂家不能对包装进行改进的话，宁肯不卖。

（2）商品的销售包装。商品的销售包装合适，顾名思义，也就是商品的包装是否适合销售。包装太小的商品容易被偷，管理上要投入的精力大。包装太大（家电、健身器材、文件柜、保险柜等特殊商品除外），由于便利店提供的是自助式服务，顾客不好拿也许就不买了，同时也浪费了大量的货架资源。采购人员在挑选商品时就要先想到这些问题，包装太小就选量贩装，包装太大就拆包装或不选择。

5. 同品质商品组合合适

有很多商品有很多的规格，那么如何从它们的不同规格里进行挑选，进而组合起来呢？采购人员在对待这些商品时，要首先选择这个商品系列销售得最好的规格，同时在剩下的规格里，根据便利店的类型、定位、目标顾客的喜好进行挑选。

比如，某品牌洗衣粉，它有180克、350克、650克、800克、1200克、1300克、2000克、3000克8种规格，在全国它销售得最好的是650克包装，同时2000克包装和3000克包装也有一定的固定顾客，那么首先要采购这三个规格。在剩下的5种规格里，如果是一家社区型的便利店，那么建议选择350克包装，因为它可能会吸引一些单身人士。再选择800克包装和1200克包装，因为650克包装的货源经常是很紧张，如果断货这两个规格可以作为替代品。

不同的商品对于其规格有不同选择方式，但是切记一条：除非每个规格都销售得很好，或是商品结构需要（比如，可乐类目前大部分地方主要有可口可乐、百事可乐这两种可乐，如果可乐货架是大型货架，为了保证陈列，只能全规格选择）或是短期内供应商出了高额的陈列费，否则任何商品都不能全规格引进。

6. 送货方式合适

采购人员采购的商品如果供应商不送货，或是送货但要便利店承担运费，或是起送的金额或数量很大等，就会给其他部门增加很多工作，同时也增加了进货的成本。因而在送货这个环节上不得马虎。

二、商品采购原则

便利店经营者在进行商品采购时，需要掌握以下商品采购原则，选择最合适的商品。

1. 合乎经营业态特性的原则

对消费者而言，便利商店最大的特色是以"便利"作为思考的基点，从顾客在消费时、使用时、携带时的便利等各方面着眼，方可塑造与其他业态商品结构的差异性。

2. 合乎商品组合的原则

由于经营策略的差异、诉求重点的不一以及商圈客户的区别，致使不同的便利店在商品的分类与组合上有所不同。

比如：有些店贩卖生鲜，有些则不卖；有些店提供服务性商品，有些店则不提供；等等。各种因素所产生的差异性，均会导致商品组合的不同，进而影响商品的采购作业。

3. 合乎高回转率的原则

由于便利商店的卖场小，无法陈列太多品项，因此在有限的陈列空间内，唯有高回转率的畅销品才能增加收益，压低库存量。因此，采购人员应根据商圈客户属性、市场商品情报、市场占有率等，来筛选最合适的商品，在卖场中陈列销售，以增加商品回转次数。

开店秘诀

为增加商品回转次数及品项数量，相同或类似的功能、口味、规格商品通常只陈列 1 ~ 2 种，以避免重复。

4. 合乎毛利率目标的原则

为达成营运绩效目标，通常各部门陈列商品皆会依业界行情设定预期的毛利率目标，而采购者应依此作为商品采购议价的标准，以达成整体毛利率目标。在迷你超市向便利店转型期间，便利店所售价格敏感产品要采用特价促销策略，与商圈内超市、杂货店、小卖部进行竞争，就会牺牲这类商品的利润。

5. 合乎安全卫生的原则

近年偶有不合格商品（如蜜饯、矿泉水等）于便利商品中销售，这种情况不仅会造成消费者食用不适，还会损害便利店的形象。因此，供货厂商的筛选务须严谨，除备齐公司营业执照及食品卫生检验证明等合格文件外，尚应检查其商品标示项目（品名、含量、原料名称、食品添加剂名称、制造厂商名称和地址、进口厂商名称和地址、制造日期等）的完整性，以确保采购商品的安全卫生。

6. 合乎进、退货规定的原则

近年来，由于便利店连锁体系越来越多，为增加配送效率及门市处理效率，一般采由配送中心或中央仓库直接以多样少量、多次配送的方式，故采购时，应衡量供货厂商在配送作业频率、最低订购量等方面的配合状况，以合乎门市的订货及进货需求。

此外，便利店属于商品更换率高的零售业态，因此销售不佳的商品须迅速自门市中淘汰，并要求厂商处理退货。故采购商品时，应要求厂商配合办理，否则可依罚则处理。

7. 合乎非营业收益的原则

便利店由于房租高涨、人事费用逐年递增等，经营成本增加。在采购商品时，也应掌握此原则，与厂商于供货合约中载明销售折扣、商品陈列费等协议事项，以获取更大的采购效益。

8. 追求差异化原则

近来便利店在大城市急速成长，各式新的业态不断兴起，业者均可感受到竞争日益增强及客源被瓜分的压力。值此之际，商品如何表现差异性以提供给顾客更大的满足感，从而形成经营优势，已是商品采购的重要课题。

开店秘诀

在采购时，除了必要的畅销品外，更应掌握市场动态及顾客需求，以开发引进差异化商品。

三、商品采购流程

便利店经营者在采购时，对于采购的流程必须掌握，具体如图3-2所示。

图3-2　商品采购流程

1. 弄清采购项目

作为便利店经营者，首先要弄清该时段、该季节该采购什么。这就要求便利店经营者首先是卖场陈列专家，弄清店铺卖场最佳的陈列区域，其次是陈列的内容。这些都是非常有学问、有科学依据的，采购项目不合适就不能吸引顾客上门。

2. 确定采购数量

在采购之前，一定要弄清卖场的最佳陈列区域应该要多少货，另外库存量有多少，总共需要增加多少货才能保证经营的最佳态势。结合对各种规格卖场基本陈列的科学分析，最终确定采购的基本数量。

3. 与供应商联系

便利店经营者在确定采购项目和数量之后，就可以根据订货单与供货商联系确认本次进货明细单和发货日期；在到货前清理好卖场和库房货架，为采购做好准备。

 **相关链接**

建立科学合理的采购体系

便利店应建立一套科学、高效、廉洁的采购体系。因为按照这种方法，采购不再是绝对依靠个人判断的事情，而是依靠科学的分析，先制订合理的计划，员工工作的主要任务是如何达成计划。比如说，当便利店经营者接触到供应商推荐的一个没有经营过的品种，将按照下列步骤确定是否采购。

（1）要根据商品组合计划、店铺的定位，先判断经营适合性。

（2）如果适合，确定是否是原有商品的可替代品，以帮助顾客选择最能满足他们需要的商品。

（3）如果是可替代品，要分析引进该商品后，从价格、销售、促销等方面会对现有的哪些商品产生影响，影响有多大。

（4）分析应该被换掉的商品目前的价格、库存、未结账款等项目，以确定相应的处理办法和时间表。

（5）确定新品供货条件、供货时间、商品销售价格、促销活动等。新品引进和滞销品淘汰是一个工作的两个方面，当采购体系最大限度地依靠这样的系统时，便利店经营者就能被激发做出理性的商业决策，店铺的综合经营效益也就能得到更充分的保证。

四、供应商的选择

便利店是一个庞大的销售网络，是众多供应商理想的销售渠道，但便利店受卖场和经营品种的限制，必须对希望进入门店的众多的供应商进行选择。供应商良莠不齐，如果想有效地执行采购工作，选择合格的供应商是便利店采购管理的首要任务。

一般来说，便利店在选择供应商时应满足图3-3所示的条件。

过硬的商品品质　　合适的促销折扣

齐全的企业资料　　选择供应商
　　　　　　　　　的条件　　较长的付款期限

低廉的供应价格　　准确的交货期

图3-3　选择供应商的条件

1.过硬的商品品质

供应商提供的商品质量是选择供应商的第一条件。供应商最好取得ISO的认证，并有质量合格证、商检合格证等。

在我国商品的产品执行标准有国家标准、专业（部）标准及行业标准，其中又分为强制性标准和推荐性标准。但通常在买卖的合同或订单上，供应商的商品质量是以图3-4所示的各种形式中的一种来表示，这也是选择供应商的重要标准之一。

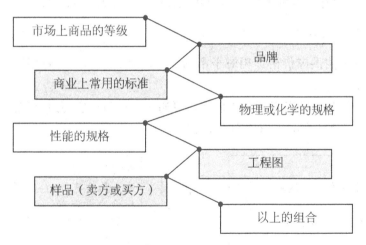

图3-4　供应商商品质量的表现形式

2.齐全的企业资料

便利店是遵纪守法、诚实经营的企业，同样也要求供应商遵纪守法。由于市场上的供应商相当多，并不是所有的供应商都能成为便利店的供应商。对于初次与便利店接触的供应商，务必要求其提供相关的资料，以便对其资信等各方面进行调查、评估。这些资料主要包括图3-5所示的内容。

- 营业执照副本
- 食品生产许可证
- 食品经营许可证
- 商检合格证
- 进口商品检验合格证

- 商品检验报告
- 商标注册证
- 安全认证
- 代理授权书
- 指定／总经销证书

图3-5　供应商应提供的相关资料

除以上基本文件外，各地工商、技术监督部门、卫生检验部门可能还会针对各地自身的情况，对生产或经销商品的单位有一些特殊的规定及要求。

比如，针对外地企业生产的食品类商品，进入本地销售，许多地方要求生产企业必须办理进入当地销售的许可证。此证通常在卫生防疫部门办理，但各地会有差异，且该证通常有时间限制，原则上一个许可证只对一个产品有效。

除以上基本文件资料外，供应商还应提供或填写"供应商简介""供应商基本资料表""供应商商品报价单"及其一套完整的"产品目录或图片"或"样品"。

3. 低廉的供应价格

供应商低廉的供应价格是相对于市场价格而言的。如果没有相同的市价可查，应参考类似商品的市价。

便利店要想获得供应商低廉的价格，可通过单独与供应商进行采购或由数家供应商竞标的方式来取得，具体方法如图3-6所示。

单独与供应商采购时，采购人员应先分析成本或价格，再与供应商进行协商谈判

方法一

方法二

数家供应商进行竞标时，采购人员应选择两三家较低标价的供应商，再分别与他们谈判采购，求得公平而合理的价格

图3-6　取得低廉价格的方法

开店秘诀

在使用竞标方式时，采购人员切勿认为能提供最低价格的供应商即为最好的供应商。

另外，便利店在选择供应商时不能一味追求低廉的价格，必须综合评价一个供应商的送货、售后服务、促销支持、其他赞助等方方面面。所以有些便利店会放弃与提供极低价格的大批发商的合作，而选择不愿意提供极低价格的制造商合作，因为通常制造商在产品质量、货源保证、售后服务、促销活动及其他赞助上会支付更多的营销费用。

4. 合适的促销折扣

理想的供应商应能向便利店提供合适的折扣，因为便利店的许多商品都必须进行打折促销。

比如，某供应商提供的折扣无法达到让便利店的商品售价能吸引顾客上门，就算便利店与这一供应商合作，这一关系也不可能持久。由于这种交易不利于便利店的价格形象，因此最好不要选择这样的供应商。

一般来说，便利店促销所选择的品项都是一些价格较低的商品，它们能得到供应商强有力的促销支持，包括畅销的、高回转的、大品牌的日用消费品。

开店秘诀

促销是便利店营销最重要的武器，但促销的成功与否，全依赖于便利店选择的商品是否正确、供应商的支持与否，以及售价是否能吸引顾客上门。

5. 较长的付款期限

付款期限是供应商用来商谈采购价格的砝码。在国内一般供应商付款期限（账期）是月结30～90天左右，视不同的商品周转率和商品的市场占有率而定。对便利店而言，一般的食品干货类商品账期在货到45天以上，百货类商品的账期在货到60天以上。而且由于便利店实行每月统一付款，供应商实际收到货款的时间要比合同平均延长15天。

在正常情况下，便利店的付款作业是在交易齐全时，按买卖双方约定的付款天数（账期），由银行直接划款至供应商的账户。

开店秘诀

便利店应尽量选择最有利的付款天数（账期），对于惯于外销或市场占有率大的供应商，一般要求的付款期都比较短，有的甚至要求现金或预付款，如果商品好卖，知名度高，也可以将其选为供应商。

6. 准确的交货期

由于便利店计算订单数量的公式中，交货期是个重要的参数，采购方应要求供应商以最短的时间交货，这样就能降低存货的占资。

但是不切实际的压短交货期，将会降低供应商商品的质量，同时也会增加供应商的成本，反而最终影响便利店的价格优势及服务水平。因此便利店应随时了解供应商的生产情况，以确立合理及可行的交货期。

一般而言，本地供应商的交货期为期2～3天，外地供应商的交货期为7～10天。

五、采购业务的洽谈

在对供货商进行评价选择的基础上，便利店的采购人员必须就商品采购的具体条件进行洽谈。在采购谈判中，采购人员要就购买条件与对方磋商，提出采购商品的数量、花色、品种、规格要求，商品质量标准和包装条件，商品价格和结算方式，交货方式，交货期限和地点，达成一致，然后签订购货合同。

1. 谈判的基本目标

在与供应商进行谈判前，采购人员必须有一个基本的目标作为准备相关资料的依据，谈判的基本目标如图3-7所示。

1	必须取得对合约的执行方式在某种程度上的控制权
2	必须使供应商给予公司最大的配合和支持
3	双方对品质共同认可的商品，争取以最便宜而合理的价格取得
4	必须使供应商按照合同规定，按时按质地执行

图3-7　谈判的基本目标

2. 谈判的内容

谈判的内容包括品质、包装、售后服务、价格、促销、付款条件等。具体如表3-1所示。

表 3-1 谈判的内容

序号	类别	具体内容
1	商品品质	（1）品质必须"符合买卖双方约定的要求或规格"。供应商必须具有以下相关品质的文件：产品规格说明书、检验方法、产品合格范围。 （2）采购人员应尽量向供应商索取以上资料，以利于未来的交易。 （3）采购人员在洽谈时，应首先与供应商就商品达成相互同意的品质标准，以避免日后的纠纷或法律诉讼。对于瑕疵品或仓储运输过程中损坏的商品，应要求退货或退款
2	商品包装	（1）内包装，用来保护商品或说明商品用途的包装。设计良好的内包装，通常能激发客户的购买意愿，加速商品的周转。国内供应商产品在这方面做得比较差，采购人员应说服供应商在这方面加强。 （2）外包装。仅用于仓储及运输过程的保护包装，通常扮演非常重要的角色。倘若外包装不够坚固，在仓储运输过程中损坏太大，会降低作业效率，并影响利润；但若外包装太坚固，则供应商成本增加，采购价格必然偏高，导致商品的价格缺乏竞争力
3	商品价格	除了品质与包装之外，价格是所有的洽谈中最重要的项目。比如新商品价格折扣、单次订货数量折扣、累计进货数量折扣、不退货折扣（买断折扣）、提前付款折扣及季节性折扣等
4	订购量	以适当、及时为原则，而不能以供应商希望的数量为依据。否则，一旦存货滞销时，会导致利润降低、资金积压及空间浪费
5	付款条件	付款条件与采购价格息息相通，一般供应商的付款条件是月结30～90天，买方付款时可获3%～6%的折扣。采购人员应计算最有利的付款条件
6	交货期	（1）一般来说，交货期越短越好。因为交货期缩短的话，订货的次数可以增加，订购数量就可以相应减少，库存会降低，仓储空间的需求就会减少。 （2）对于有时间承诺的订货，采购人员应要求供应商分批送货，以减少库存压力
7	售后服务	（1）对于需要售后服务的商品，例如家电商品、电脑、相机、手表等，采购人员应在洽谈时，要求供应商在商品包装内，提供该项商品售后服务维修单位的名称、电话及地址，使顾客日后在需维修所购商品时，直接与店家联络。 （2）采购人员与货物进口商洽谈时，必须要求货物进口商提出有能力做好售后服务的保证，并在商品包装内提供保证单
8	促销	（1）促销包括促销保证、促销组织配合、促销费用承担等。 （2）在策略上，通常采购人员应在促销活动的前几周停止正常订购，而着重订购特价商品，以增加利润

续表

序号	类别	具体内容
9	广告赞助	为增加门店的利润，采购人员应积极与供应商洽谈，争取更多的广告赞助。广告赞助内容如下： （1）促销快讯的广告赞助； （2）前端货架的广告赞助； （3）统一发票背后的广告赞助； （4）停车看板的广告赞助； （5）购物车广告板的广告赞助； （6）卖场灯箱的广告赞助
10	进货奖励	（1）进货奖励是指某一时间内，达到一定的进货金额，供应商给予的奖励。 （2）数量奖励是指对一定的订货数量给予某种幅度的折扣。 （3）采购人员应适当地要求供应商给予进货额1%～5%的年进货奖励，来提高利润
11	备注	上述洽谈内容加上违约责任、合同变更与解除条件及其他必备内容就形成采购合同

3. 谈判的技巧

在采购谈判中，采购人员应当根据不同的谈判内容、谈判目标和谈判对手等具体情况，运用不同的谈判技巧和战术，以推进谈判的进程，使之取得圆满的结果。

 相关链接

采购谈判的10个技巧

谈判技巧是采购人员的利器。谈判高手通常都愿意花时间去研究这些技巧，以求事半功倍。下列谈判技巧值得零售企业采购人员研究。

1. 避免谈判破裂

有经验的采购人员，不会让谈判轻易破裂，否则根本就没必要谈判，他总会给对方留一点退路，为双方冷静下来以后的下一次谈判留一个伏笔。没有达成协议总比不欢而散，或是勉强达成协议好，如果遇上供应商支持竞争对手的情况，也不要和其马上撕破脸。可以从陈列、订货、结算上给予牵制，也可以用全力支持该供应商的直接竞争对手的方式来刺激他，把合作不顺的责任推给他。

2.只和有决策权的人谈判

本公司的采购人员接触的对象可能有业务员、业务经理、经理、董事长等，我们不和对谈判内容无决策权的人谈判，以节约时间，提高工作的效率。一般的谈判可以和业务员、业务经理谈，但重要的谈判就要和经理或董事长谈，或是他们授权给业务员、业务经理来谈。和没有决策权的人员谈判，可能会事先暴露自己的立场，让对方有充分的时间来做准备。

3.在本公司的谈判

在本公司谈判，首先在心理上就占了上风，还可随时得到其他同事的支援，节约了相关的费用，将天时、地利、人和的优势发挥到极致。

4.放长线钓大鱼

有经验的采购人员知道对手的需要，所以尽量在小地方上满足对方，在对方自以为占到便宜时，逐渐引导对方满足自己的需求。比如，供应商希望将自己的商品，从货架的最底层陈列到第二层，采购人员不仅一口答应，而且还主动提出可以放到第三层，供应商觉得占了个大便宜，但接着采购人员提出，原来放在第三层的商品是付了陈列费的，有效期到这个月，供应商觉得现在才是月初，到了下个月这个商品的销售旺季就过去了，因而提出也可付费，其实第三层的商品根本就没有交陈列费。最后，该供应商不仅支付300元/月的陈列费还主动提出将供货价格下调2%，做一个月的促销。

5.紧紧抓住主动权

攻击是最佳的防御，对于一些沉默、内向的谈判对手，采购人员应尽量以自己预先准备好的问题，以开放式的提问方式，让对方不停回答，从而暴露对方的立场，然后再抓住对方露出的破绽，乘胜追击，对方若难以招架，自然会做出让步。

6.必要时转移话题

对于一些个性较强、外向型的谈判对手，在双方就某一问题或细节纠缠不休，无法谈拢时，有经验的采购人员会及时转移话题，或是喝喝茶暂停一下，或另约时间再谈，以缓和紧张气氛，但方法要适当，不要让对方认为采购人员是在软弱退让。可以用要开会，或另约了人的借口。

7.尽量做一个好的倾听者

一般的人都比较爱面子。在谈判时，有的供应商总喜欢表现自己在某一方面的特长，或是吹嘘自己。采购人员在碰到这类情况时，不要急于表态，尽量做一个好的倾听者，通过他的言语和动作，了解他的谈判立场。而且大多数人都是讲道理的，在不知不觉中会对一个好的倾听者减弱戒备之心，这时采购人员的机会就来了。

8.尽量为对手着想

只有极少数人认为谈判时应赶尽杀绝，丝毫不能让步，事实证明，大部分成功的谈判，都是在和谐的气氛下进行才能达成的。若轻易许诺、欺骗对方又不兑现，或是居高临下地以老大的姿态来威胁对方，谈判注定会失败。成功的谈判结果是双赢，供应商是门店的重要伙伴，在尽力维护门店利益的同时，也要尽量为对方着想。

9.不接受以增加商品种类为附加条件的优惠

供应商经常以种种理由全力推销其所有商品，但我们只坚持销售回转率高的商品。供应商常会说，如果你进全我的商品，我就会给你们门店更多的优惠。请注意，如果答应了一个，就会有第二个，到时就很难控制整个商品结构，而且会带来很多连锁反应。

比如：给财务方面增加了处理账务的时间；由于滞销，给营运增加了管理的难度；商品品项过多，给仓管增加了库存管理的难度。

10.切忌盲目砍价

采购人员经常性地和供应商议价，是保持商品最低进价的一个有力手段，但切忌盲目砍价而忽略了其他要点，不能眼里只有价格这个谈判内容，造成供应商以次充好，变相提高进价，实际上上了供应商的当。

第二节　商品定价

在零售市场营销组合的四大要素中（商品、价格、服务、促销），价格是唯一能直接给企业带来利润的要素。便利店和其他零售业态相比，它的价格特征是物美价廉，定价原则是薄利多销。

一、前期的市场调查

商品的售价要合理的话，在定价之前做一定的市场调查是必不可少的。市场调查的对象有：自身（商品结构是否健全、陈列是否美观等）、顾客（价格的吸引力、价格的竞争力等）、竞争对手、供应商等。由于现阶段竞争比较激烈，而且大部分顾客都把商品价格作为选择商家和商品的一个重要依据。因而为定价所做的市场调查的主要对象是竞争店，特别是同一商圈内的直接竞争对手，商品定价前市场调查的内容主要如图3-8所示。

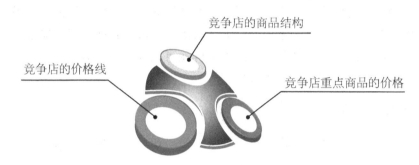

图3-8　商品定价前市场调查的内容

二、商品定价步骤

便利店经营者要控制商品的价格，首先需要掌握图3-9所示的商品定价步骤。

图3-9　商品定价步骤

1. 选定价格目标

便利店经营者在为商品定价时，一定要有价格目标，碰到竞争或消费者无法认同这个加价率而必须削价时，一定要想办法提高其他价格敏感度较低的商品的售价，或降低进价，以弥补损失。

2. 确定需求

需求是指需求量与价格之间的关系，影响需求的因素如消费者偏好、消费者的个人收入、广告费、消费者对价格变化的期望以及相关商品的价格等。测定需求的基本方法是对商品实施不同的价格，观察其销售结果。

3. 估算成本

在估算成本时，历史成本可以作为基本的依据，同时要注意：在不同的经营规模下，平均成本会发生变化；市场资源条件的变化会影响经营成本；经营管理越成熟，在其他条件不变的情况下，平均成本越低。

4. 分析竞争对手的价格行为

分析竞争对手的价格行为主要是了解竞争对手的价格和商品质量。如果所提供的商品或服务的质量与竞争对手相似，那么所制定的价格也必须与之接近，否则就会失去市场份额；如果高于竞争对手，则定价就可以高于竞争对手；如果不如竞争对手，就不能制定高于竞争对手的价格。

5. 选定最终价格

通过各种方法所制定的价格还不是最终价格，在选定最终价格时，还必须考虑的因素如表3-2所示。

表3-2　选定最终价格考虑的因素

序号	考虑因素	具体内容
1	消费者的心理	香水、化妆品等商品可采取声望定价法，要制定较高的价格，因为消费者把价格作为衡量的一种标志，如果把价格定得过低反而没人购买，尾数定价法能使顾客产生便宜的感觉
2	既定价格政策	许多店铺明确规定了自身的价格形象，如同类商品比市价低3%～7%，在定价时要体现这种公认的价格政策
3	其他影响	制定价格时，应考虑供货商、竞争对手、销售人员等对价格的反应，政府会不会干涉和制止，是否符合有关法律规定等

三、商品定价方法

便利店经营者可以将各种技巧综合运用，最终达到吸引顾客购买的目的。

1. 尾数定价

保留价格尾数，采用零头定价。如价格为19.9元而不是20元，使价格保留在较低一级的档次上。这种定价方式一方面给人以便宜感，另一方面又因标价精确而给人以信赖感。

2. 整数定价

整数定价一律不保留零头。这一定价技巧适用于贵重商品、礼品等，目标顾客是消费能力较高的人群。

3. 声望定价

这种定价策略有利于树立门店形象、提高商品的市场地位、增加盈利，但不能吸引广大消费者购买，难以销售大量的商品。声望定价的适用于在信誉较好的门店销售的有质量保证的商品，目标消费者是对价格不敏感且追求品质的购买者。

4. 习惯定价

习惯定价是按消费者的习惯和价格心理来制定价格，如报纸、油、盐这类日常消费品的价格通常容易在顾客心中形成一种习惯性的标准，符合这一标准的价格就会被顺利接受，而偏离这一标准的价格则容易引起顾客的猜疑和不信任。

5. 折扣定价

折扣定价的具体内容，如表3-3所示。

表3-3　折扣定价

序号	方法	具体内容
1	现金折扣	对现款交易或按期付款的顾客给予的价格折扣，其目的在于鼓励顾客提前付款，以加速企业的资金周转，减少利率风险
2	数量折扣	店铺为鼓励顾客大量购买或集中购买某一种商品，根据购买数量给予不同的价格折扣
3	季节折扣	对过季商品的购买者分别实行现金折扣和数量折扣
4	同业折扣	一般做法是先定好零售价格，然后按不同的比率对不同的中间商倒算折扣率；也可先定好商品的出厂价，然后按不同的差价按顺序相加，依次制定各种批发价和零售价。一般来说，中间环节越多，折扣率也就越大
5	推广折扣	中间商在进行广告宣传、布置橱窗、展销等推广工作时，对其给予一定的价格折扣，又叫让价

6. 招徕定价

（1）将少数几种本小利薄的商品低价出售，吸引消费者经常光顾。

（2）将相互有补充关系的商品区别定价，有意识地把主要的耐用商品的价格定得低些，把从属性的、消耗大的商品的价格定得高一些。

（3）把店铺里销售的商品按不同的原则定价，有些商品价格调高，有些商品价格调低，以便招徕顾客。

（4）高价引客。既然招徕定价是针对消费者对不同商品的消费心理以及不同消费者的消费特点而采取的一种灵活的定价方式，所以招徕并非一定是超低价，有时超高价也能很好地引起消费者的注意。

7. 底价

运用"底价"来吸引具有类似价格偏好的某个细分市场，即在选定价格范围后，再在这个范围内设定数量有限的若干价格点。

四、价格评估与调整

价格调整一方面是降价，另一方面是提价，以保持一个合理的毛利水平。

便利店应该高度重视收集卖场销售的情况，将敏感商品和非敏感商品，主力商品、辅助商品、附属商品等不同的商品群准确地区分开来，注意收集相关的市场信息，注意收集顾客的情况。再经过分析比较，最后做出相应调整，并不断地按"收集资料→评估→调整"这样的流程去提高定价的合理性和科学性。这样才有可能制定出一个既能促进销售又能有合理盈利的商品价格。

第三节　商品陈列

对于便利店而言，如果只是简单地把商品随意一放，那只能说是一个杂货店，要让便利店火起来，除了要在便利店装修、商品质量、服务和性价比上下功夫，在商品的陈列上也需要多费心。

一、商品陈列区域的划分

在便利店里，商品陈列的主要区域分为货位区、走道区、中性区和端架区等几部分，具体分布如图3-10所示。

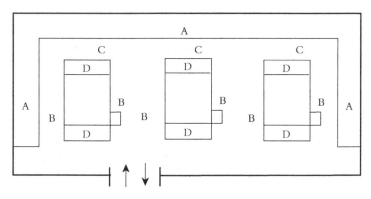

图3-10 商品陈列主要区域

图示说明:

①A表示货位区。便利店中的大多数商品都被陈列在正常的货位区,摆放在美观、整洁的货架上,以供顾客浏览、选购。

②B表示走道区。为了吸引顾客的注意力,突出一些商品独特的个性以及售点促销的效果,在卖场的大通道中央摆放一些平台或筐篮,陈列价格优惠的商品。

③C表示中性区。中性区是指卖场过道与货位的临界区,一般进行突出性商品陈列,例如,在收款台附近摆放一些口香糖等小商品。

④D表示端架区。端架区是指整排货架的最前端或最后端,即顾客流动线转弯处所设置的货架,常被称为最佳陈列点。端架区所处位置优越,很容易引起顾客的注意,常常陈列一些季节性商品、包装精美的商品、促销商品或新上市的商品。

二、商品陈列的原则

据统计,科学、专业、适应消费者心理和需求的商品陈列往往能带动30%～40%的销售增长。可见,商品陈列不是把商品简单地摆放在一起,而应遵循一定的原则,具体如图3-11所示。

图3-11 商品陈列的原则

1. 寻找方便

寻找方便就是将商品按品种、用途分类陈列，划出固定区域，方便顾客寻找。方便顾客寻找有以下几个办法。

（1）在门店入口处安置区域分布图。通常，大型的零售企业入口处都有本卖场区域的分布图，方便顾客找到自己想要的商品。

（2）在每一个区域挂上该区域的名称，比如，生鲜区、日化区等，这样，顾客就能通过这些指示牌很容易找到自己所要选购的商品位置，如图3-12。

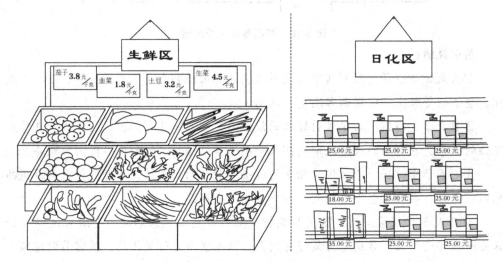

图3-12　顾客通过指示牌很容易找到自己所需的商品

（3）方便顾客选择、购买。门店要根据商品的特性来决定什么样的商品应该放在什么样的位置。

2. 显而易见

显而易见就是要使顾客很方便看见、看清商品。商品陈列是为了使商品的存在、款式、规格、价钱等在顾客眼里"显而易见"。使商品显而易见需做好以下几点。

（1）为了让顾客注意到商品，陈列商品首先要"正面朝外"。

（2）不能用一种商品挡住另外一种商品，即便用热销商品挡住冷门商品也不行；否则，顾客连商品都无法看见，还何谈销售业绩？

（3）陈列在货架下层的商品不易被顾客看见，所以，店员在陈列商品时，要把货架下层的商品倾斜陈列，这样一来方便顾客看到，二来方便顾客拿取。

（4）货架高度及商品陈列都不应高于1.7米；同时，货架与货架之间保持适当距离，以增加商品的可视度。

（5）让商品在顾客眼里"显而易见"首先要选择一个顾客能一眼看到的位置。

（6）在商品陈列中，色彩的和谐搭配能使商品焕发异样的光彩，使商品更醒目，吸引顾客购买。

（7）商品陈列时要讲求层次问题。所谓商品陈列的层次，就是在分类陈列时，不可能把商品的所有品种都陈列出来，这时应把适合本店消费层次和消费特点的主要商品品种陈列在卖场的主要位置，或者将有一定代表性的商品陈列出来，而其他的品种可陈列在卖场位置相对差一些的货架上。

3. 拿放方便

商品陈列不仅要使顾客方便"拿"，还要使顾客方便"放"。便利店在陈列商品时，要使顾客拿放方便则要做好以下几点。

（1）货架高度不能太高，最好不要超过1.7米。如果货架太高，顾客拿的时候很吃力，还要冒着摔坏商品的危险，最终往往会选择放弃。

（2）通常，商品之间的距离一般为2～3厘米为宜；商品与上段货架隔板保持可放入一个手指的距离为最佳，这样方便顾客拿取和放回。

（3）货架层与层之间有足够的间隔，最好是保持层与层之间能够有容得下一只手轻易进出的空隙。太宽，会令顾客产生商品不够丰富的错觉。

（4）易碎商品的陈列高度不能超过顾客胸部（图3-13）。比如，瓷器、玻璃制品、玻璃瓶装商品的陈列高度应该以一般人身高的胸部以下为限度。陈列太高的话，顾客担心摔碎后要他赔偿，所以不放心去拿取观看，这样就阻碍了商品的销售。

图3-13　易碎商品的陈列高度最好不要超过顾客的胸部

（5）重量大的商品不能陈列在货架高处，顾客一来担心拿不动摔坏商品，二来担心伤到自己。所以，重量大的商品应该陈列在货架的较低处。

4. 货卖堆山

在大型卖场，顾客看到的永远是满满一货架的商品，打折的特价商品更是在一个独立的空间堆放如山，因为大量摆放、品种繁多的商品更能吸引顾客的注意。陈列时要想货卖堆山，必须做到以下几点。

（1）单品大量陈列给顾客视觉上造成商品丰富、丰满的形象，能激发顾客购买的欲望。单品大量陈列在货架上时，首先要保证有大约90厘米的陈列宽度，陈列宽度太大不利于节省陈列空间，陈列宽度太小不利于顾客看到商品。同时，做促销活动的商品要比正常时候的陈列量大很多，以保证有足够的商品供顾客选择和购买。

（2）商品要做到随时补货，也就是顾客拿取之后要及时补上（图3-14）；如果不能及时补上，要把后面的商品往前移动，形成满架的状态。

图3-14 对于货架的空档，要及时补上货品

（3）单品销完无库存时，要及时要求供应商补货。同时，挂上"暂时缺货"的标牌提醒顾客。

5. 先进先出

货品在按先进先出原则陈列时，应按照以下两点操作。

（1）补货时把先进的、陈列在里面的商品摆放到外面来，并注意商品是否蒙上了灰尘，如果有，要立即擦净。

（2）注意商品的保质期，如果临近保质期仍然没有销售出去的，要及时处理。

6. 左右相关

左右相关也叫关联陈列，就是把同类产品陈列在一起，但又不仅仅是如此简单。一般会把整个卖场分成几个大的区域，相关商品会集中在同一区域进行销售以方便顾客寻找和选择。具体操作时有些细节值得注意。

（1）首先要按照消费者的思考习惯来陈列。

比如，婴儿用的纸尿布，是和婴儿用品陈列在一起还是和卫生纸、卫生巾陈列在一起？在卖场的分类里，它可以归到和卫生纸一类的卫生用品里，但是在顾客的眼里，它应该属于婴儿专用的商品，应该出现在婴儿专柜。

（2）顾客对食物的要求是卫生第一，所以一些化学商品和一些令人联想到脏污的商品要与食物远离。有时为了配合节日会设立一个主题区，比如情人节，会把巧克力、玫瑰陈列在一起（图3-15）；这样顾客在购买其中一种商品时会看到另外的相关的商品，由此引发新的购买冲动，促进销售。

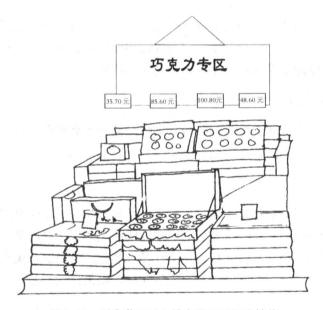

图3-15　配合节日设立的主题区可促进销售

7. 清洁保值

（1）清洁是顾客对零售企业环境最基本的要求。对于便利店来说，保持商品、柜台、货架、地面、绿色植物、饰物的清洁是一项基本工作。

（2）在有些特殊时期，要特别做好清洁工作，比如新冠肺炎疫情时期，应做好消毒和清洁工作，使顾客有一个健康和安心的购物环境。

三、商品陈列的要求

商品陈列是为了达到美化店面、刺激消费者的作用。良好的商品陈列布局不仅可以营造出"精品"的氛围，还可以突出商品的量感和一目了然的特点，便于消费者寻找和提取。但不同的商品其陈列要求也不一样。

1. 顾客随意性购买的商品

这类物品是列在顾客预购清单之外的商品，大多是顾客在闲逛的时候突发奇想或者被商品本身所吸引而购买的，一般都是些价值较低的小东西。这些东西虽然不能给卖场带来多大收益，但是出于方便顾客考虑，这些东西都应该摆放在显眼的位置，如果是大型门店，就可以放在各区域的主要干道上，而小型门店就该摆放在卖场入口，方便顾客一眼就能瞧见。

2. 生活便利品

这一类主要是指人们日常生活中所需要的东西，不需要货比三家、严格挑选。这些东西人们平时都会经常性购买，因为存放和保质时间的限制，往往一次购买不会非常多，所以就应该摆放在各个区域主要通道的两侧。

3. 家庭日用器具

这类物品主要是指生活中需要的各种器物，消费者会根据自己的实际需要进行选购，应尽量放于卖场入口附近或者主要通道上。

4. 选购品

这些物品不是消费者经常性购买的物品，在生活中也不是经常用到，只是到需要用的时候才会去买。这样，消费者对所需要的商品必定不会非常了解，免不了会反复地比较和挑选，最终选择性价比高的产品。那么，对于这一类商品，摆放位置也就不是那么重要，可以放在一些不起眼的角落，以免占去不必要的空间。

 **相关链接**

××便利店里的商品陈列技巧

一家××便利店大约有2000～3000种可供调配的商品，采取末尾淘汰制度，表现差劲的商品在货架上待不过三个月，一年下来被替换更新的商品超过半数。那么，一家便利店要如何满足包罗万象的需求？

1. "回"字形的店铺，让顾客一定会经过这些货架

一家标准的便利店，使用面积一般在100～120平方米左右。便利店会根据店铺的大小在设备上有所调整，比如7-11特别小的门店会设有加高的特殊货架。

和杂货铺不同的一点是，便利店很少会让你走回头路。从入口到收银台，一直走到最里面的日配商品，然后出门，正好绕一圈。除非是有明确购物目标，一般来说消费者都会按照这条路线逛上一圈。如下图所示。

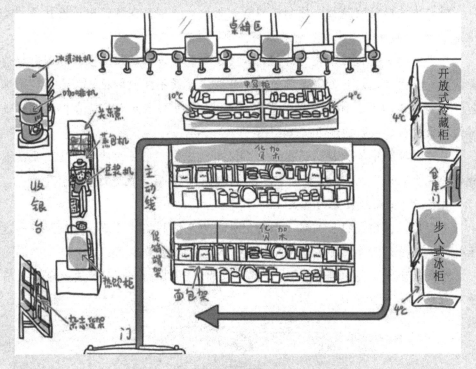

便利店模型图

在这条主动线上，顾客会途经便利店主推的"促销端架"、自产商品货架、占便利店40%营收的鲜食产品……而在圈的中心则放置非日配商品和杂货货架，杂志放在靠窗的位置。

收银台一般在店门的一侧，店铺门一般不会开在店面正中，这样方便顾客结账后以最短距离出门；

关东煮、包子等散装即时食品的柜台紧靠收银台旁，一般会挨着一个放饮料的候补冷库，引导消费者搭配着饮料一起购买。

日配商品（又称鲜食产品）大部分是需要冷藏销售的，而冷藏货架需要靠墙摆放，因此日配商品一般都在店铺的一侧，店铺的另一侧靠墙则是收银机和柜台。

2.头轻脚重，"强目的性"商品往下放

从小到大、从轻到重是便利店货架从上到下陈列商品的规则之一。比如，桶装水、大体积的抽式餐巾纸大多放在货架的底层。

根据物件的包装特征，便利店的货架里设有挂钩，在货架中还设置了"架中架"，让不同品类的小物件能够很整齐地摆放在一起。

冬天便利店会将时下流行的"轻口味水"放在最好的排面上，起到引导消费的作用。而可乐这样的强品牌效应产品放在略微不起眼的位置，原因还是那句"想喝可乐的人，你放哪里他都会找到的"。而到了夏天，就直接把卖得最好的可乐放在最显眼的地方。

另外，冷柜中的饮料、三明治、饭团等也都是"强目的性"消费商品，消费者一早就想好了要买，故而也不需要放在门口的显眼位置进行消费引导。

3.有一个更新最频繁的货架

进门后，面朝收银台的第一个货架被认为是便利店的"黄金地段"——这里是顾客的必经之地，排队结账的时候也不免在此逗留。

这个货架叫"促销端架"，有的地方也称其为"特设货架"，总之都是很看重的意思。如下图所示。

促销端架

在这个货架上，没有一件商品会平白无故出现。以××便利店为例，目前第一层是专门为春节推出的活动商品，第二层是话题性商品，比如《星球大战》《功夫熊猫》的电影周边。再往下数，"买一送一""两件八折"……每一件商品前都打上了促销标签。在促销商品的选择方面，××会和厂家进行合作。但也会有所挑选，比如说春节期间，就会多推一些肉干、炒货这样的零食。

4.面包的包装倾角和货架的倾斜度正好契合

便利店的商品分为日配商品（即每天配送的新鲜食品，比如饭团、三明治、盒饭等）和非日配商品（比如保质期时间较长的泡面、薯片），以及不能食用的杂货。

日配商品来自便利店专供的工厂，这意味着食物的配方，甚至包装都经过精心设计，独家拥有。

××每天提供两次鲜食商品送货，其他商品一天一次。午高峰过后，便利店内的三明治、寿司，以及自产系列的面包会出现不同程度的脱销。以面包货架为例，店员会根据从高到低的优先原则，将面包紧凑地排满上面两排，使货架尽可能好看些。

个别的一排面包品种只剩下一个，但也被顶在货架的最前端，和其他排面齐平。奇怪的是，这个孤零零的面包在货架上自然立起，背后却没有任何支撑物。

仔细查看货架，会发现包装内盒子的倾角与货架倾斜度是匹配的。无需外力的帮助，面包都会直立地"站"在货架上，向顾客展示包装全貌。

5.冰柜永远靠边

便利店靠墙放置的一排冷柜，开放式冷藏柜叫open-case，带有玻璃拉门的是walk-in（步入式）冰柜。这两处冷柜设定的温度都是4℃（误差±2℃）。

前者存放的是保质期较短的饮料、食品，这意味着便利店需要在更短时间内卖掉它们，使用开放式冷柜更加亲和，更容易接近、拿取。后者储存的都是常温饮料（即运输过程中无需冷藏的饮料）。这种模式是从日本引进的，对于诸如可乐这种碳酸饮料，冰的味道会更好。相对来说，人们对冰饮越来越习惯，尤其是便利店年轻消费者群体。

冰柜贴边放的另一个好处在于，背后就是仓库。仔细查看便利店的冰柜，walk-in和背后的仓库相连通，作为补货的饮料被预留在冰柜后的货架上提前冷藏，方便随时补货。通过这种方式，即便是大量消耗冰饮的夏天，消费者随时打开冰箱都能拿到一罐冰镇彻底的饮料。

6.冬天热饮柜里都是小瓶装

除了店内提供的鲜煮奶茶、咖啡、豆浆等热饮，××便利店在冬天还会搬出一个小小的热饮柜，通常是在每年的十一月到来年三月。

由于冬天人们对饮料、水的需求要少一点，一下子要喝500毫升有点压力，所以（热饮的）规格都会设置得小一点。

因为热饮的瓶子需要经过专门研发，符合耐热性能等安全要求。热饮柜内的温度在55℃左右，为免铁罐烫手，会给罐装饮料加一个纸板杯套。每一瓶饮料在放入热饮柜时，会在瓶底打上一个标签，标明食用的安全期限。

7.摆满了性价比低的小包装

一般来说，大包装食品更加划算。比如在大卖场我们经常会看到"家庭超值分享装""买三送二"这样的促销包装，但在便利店就比较少看到。

便利店的流行趋势是：卖小包装食品。糕点，一个一个卖；饼干，两片两片卖。一方面，是受限于陈列空间，货架位置对便利店来说实在是太奢侈的东西。另一方面，便利店的消费人群往往对价格不敏感，不会在意几块几毛的差价，对这部分人群来说，吃下一大袋饼干反而会是更有压力的事情。

以毗邻商务楼的××便利店A店为例，白领等商务人士是便利店的主要消费人群。两片饼干配一杯咖啡，恰好就是一顿下午茶。

糕点饼干小包装

配合消费者"少食多餐"的生活理念，××在秋冬推出了寿司散卖服务。消费者可以一个一个地挑选，自行搭配不同口味的寿司，买满四个可用盒子打包。

8.地段不同，货架上卖的东西也不一样

即使是同一品牌的便利店，不同地段、店型的便利店里卖的东西也不尽相同。比如说，医院附近的××便利店里面会增加粥类的进货量，而毗邻商务楼的××便利店A店则会主推高品质的"黑标系列"盒饭。

A店的冷藏柜面非常好看，摆放了一整排各种颜色的贝纳颂咖啡，而在普通的社区店，贝纳颂咖啡的排面只有三个。

第四节　商品优化

一、商品科学分类

商品的分类，是指按照一定目的，为满足某种需要选择适当的分类标志和特征，将商品集合总体科学地、系统地逐次划分为不同的大类、中类、小类、品类或品目、品种，以至规格、品级等细目的过程。

相对来说，便利店往往营业面积较小，商品种类较少，但也有2000～3000种商品。如何在有限的营业空间里通过商品向顾客传递最具有"销售力量"的信息，是便利商店经营者必须考虑的问题。

从经营者的立场出发，商品分类要达到"易于管理""易于统计、分析、决策"的效果；站在顾客立场，要为顾客提供"选择购买方便""消费或使用方便"的效果。

开店秘诀

一套有系统的商品分类是商业信息化成功的前提条件。科学的商品分类有助于商店的采购管理、陈列管理、销售管理以及较好地掌握商店的经营业绩。

1. 商品分类的方法

商品分类的方法各种各样，根据不同方法，可以划分出不同的商品类别。

（1）按商品之间的销售关系划分。根据商品之间的销售关系分类可分为独立品、互补品、条件品和替代品，具体如图3-16所示。

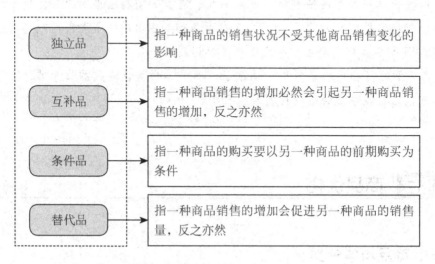

图3-16　按商品之间的销售关系对商品分类

（2）按商品耐用性和损耗性划分。根据商品是否耐用和是否有形可分为耐用品、非耐用品和服务三类，具体如图3-17所示。

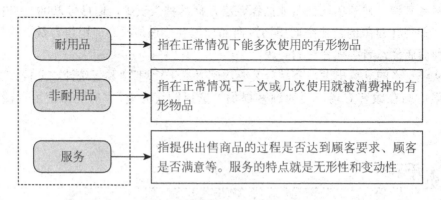

图3-17　按商品耐用性和损耗性对商品分类

（3）根据消费者购物习惯划分。根据消费者的购物习惯（这里主要指消费品）可分为日用品、选购品、特殊品和非需品四类，具体如表3-4所示。

表3-4　按消费者购物习惯对商品分类

序号	类别	说明	备注
1	日用品	消费者通常购买频繁，如有需要会立即购买的，并且只花最少精力和最少时间去比较品牌、价格的消费品	日用品都是非耐用品，而且多为消费者日常生活必需品
2	选购品	消费者会仔细比较其适用性、质量、价格和式样，购买频率较低的消费品	消费者在购买选购品时，一般会花大量的时间和精力收集信息进行比较
3	特殊品	消费者愿意花特殊的精力去购买的有特殊性质或品牌识别的消费品	例如特殊品牌和型号的汽车、定制西服等
4	非需品	消费者要么不知道，或者知道但是通常并不想购买的消费品，绝大多数新产品都是非需品，直到消费者通过广告认识它们为止	千方百计地吸引潜在顾客，扩大销售

当然，商品分类方法不只上述几种，还有其他一些分类方法。例如：按商品档次划分，可分为高档品和低档品；根据商品在店铺销售中的作用分为主力商品、辅助商品、辅助性商品和关联性商品。

2. 商品分类的原则

商品分类中最重要、最关键的问题是确定分类原则。一般来说，无论便利店的组织或规模如何，商品的分类通常可以分为大、中、小三个层次。先将店铺的商品确定大类属性，再依次细分。

（1）大分类。大分类通常按商品的特性来划分，例如水产品是一个大分类，属于这个分类的商品都与水、海、河有关系，保存的方式、加工方式也基本相同，因此可以归为一类。

 开店秘诀

在一个便利商店中，大分类的数量最好不要超过10个，这样比较容易管理（在店内编码时，大分类的划分一般只给一位数）。

（2）中分类。中分类可以按照功能、用途来划分，也可按商品的制造方法或商品的产地等特性来定。具体如表3-5所示。

表3-5 商品中分类原则

序号	分类原则	具体说明
1	按商品的功能、用途划分	如在杂货类这个大分类中，可区分出家庭用品的中分类，使消费者在选购时，只要从家庭用品这个功能、用途来寻找，即可轻易找到
2	按商品的制造方法划分	有些商品的用途并不完全一样，统一按功能、用途划分有难度，就可按商品的制造方法划分。比如"熟肉制品"，作为中分类，火腿、香肠、腊肉、卤味等就可以归类在这里
3	按商品的产地来划分	比如可根据商业圈内顾客的喜好，设置"进口水果"这个中分类，那么所有国外进口的水果就可都收集在这个中分类里

在便利店中，商品分类可以依次遵循以上原则，即先按商品的功能、用途划分，再按商品的制造方法划分，最后按商品的产地划分来进行分类管理。

（3）小分类。小分类的分类原则，按照中分类的分类办法，再进行细分。分类依据可以是功能用途、规格包装形状、商品口味等。

上述商品分类原则可作为便利店商品分类时的参考。做好店铺的商品分类，最重要的是根据市场购买需要和店铺的实际情况，编制出适合于自身的分类系统。便利店在编制分类系统时应注意图3-18所示的几点。

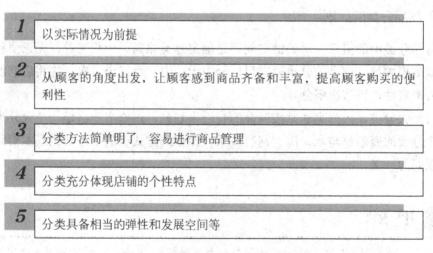

1 以实际情况为前提

2 从顾客的角度出发，让顾客感到商品齐备和丰富，提高顾客购买的便利性

3 分类方法简单明了，容易进行商品管理

4 分类充分体现店铺的个性特点

5 分类具备相当的弹性和发展空间等

图3-18 编制分类系统时的注意事项

二、商品合理组合

商家都希望每个商品既有利润，又有销量，而且牌子响，不用费力推销，顾客

进来就会指明购买，可是在现实中，几乎没有这样完美的商品。每样商品都是有局部的优势，同时也存在一些短板。诸如利润高的商品，但是新牌子，顾客的接受度较低，销量很低；销量大的名牌商品，往往价格已经透明化了，利润也就很薄。

通俗点来说，就是好卖的不赚钱，赚钱的又不好卖。这个问题怎么解决？就是商品组合，通过每个商品本身的不同特点，发挥各自的优势，取长补短、形成合力，在吸客、销量、利润等因素之间取得一个平衡。这就像是炒菜，有主料，有辅料，有配料，根据一定的比例进行组合，才能烧出好味道。

1.明确商品功能

做商品组合，首先就要明确每样商品基本的功能，常见的商品功能定位如图 3-19 所示。

 吸客商品就是对顾客会产生一定吸引力的商品。比如著名品牌的畅销商品或是商品本身具备足够的吸引力（商品本身外形独特、功能先进等），或是价格超低的日常消费品。这类商品，不需要店家特别做宣传，商品本身就对顾客有一定的吸引力，可以将顾客吸引进店

 带货商品是属于刚性需求类商品，顾客对此商品较为熟悉，并且已经形成购买习惯，会重复购买，销售量较为稳定，肯定是要买的，且会持续购买

 就是利润丰厚的商品，店主主要靠这些商品赚钱

 商品自身的品牌知名度非常高，且品牌档次也较高，能在一定程度上消除顾客对店家的陌生感（店不熟悉，但店里的某个商品很熟悉）。并且，能在一定程度提升店家的整体档次

 是用来和竞争对手竞争的，攻击竞争对手的主打商品，或是转移顾客的注意力，避免将价格战之火"烧"到自己的利润商品上

 所谓培养商品，就是当前销量较低，但未来发展前景不错，值得花费时间和精力来培养的商品

图 3-19　常见商品功能定位

2. 商品组合方式

上述就是常见的六大类商品功能概述，各自商品的功能不一样，销量不一样，所能带来的利润也不一样，需要通过一定的组合，才能发挥最大的整体效益，平衡销量和利润。

那么，这六大类商品，该通过一个什么样的结构整合在一起呢？一般来说，有以下几种方式。

（1）按商品比重整合。在结构确定之后，各类商品就涉及一个比重的问题了，也就是什么样的商品，占比设定在多少比较合适，常规的商品比重如表3-6所示。

表3-6　常规的商品比重

商品类型	参考销量比重
吸客商品或带货商品	40% ～ 50%
利润商品	20% ～ 30%
培养商品	10% ～ 20%
品牌商品	5% ～ 10%
竞争策略商品	5% ～ 10%

（2）按利润比重整合。当然，不管这商品比重怎么设置，最终的目的都是为了利润，不同的商品类别，所承担的利润贡献比例是不一样的，常规利润比重如表3-7所示。

表3-7　常规利润比重

商品类型	参考利润比重
吸客商品或带货商品	30% ～ 50%
利润商品	20% ～ 30%
培养商品	10% ～ 20%
品牌商品	5% ～ 10%
竞争策略商品	-10% ～ 0%（略亏或是无利润）

（3）按价格带整合。同一品类的商品，需要设置不同的价格带，来满足不同层级的消费者需求，主要设计因素有两个，即价格带的范畴，以及每个价格带的比重，如表3-8所示。

表 3-8　价格带比重

价格带区间（例）	产品比重（例）
10 ～ 30 元	5% ～ 10%
30 ～ 60 元	20% ～ 40%
60 ～ 100 元	30% ～ 40%
100 ～ 300 元	10% ～ 20%
300 元以上	5% ～ 10%

（4）按商品特性整合。难度最大的商品组合设计，就是按照商品的特性来设计商品组合，这需要店主对消费者的购买行为习惯，以及商品品类非常熟悉才行。所谓商品的特性组合，即是以消费者群体中各类需求特性划分为基础，围绕满足消费者特性，来进行商品组合设计。如表 3-9 所示。

表 3-9　商品特性比重

产品特性类别（例）	产品比重（例）
普通消费	30% ～ 40%
应急 / 备用	10% ～ 15%
面子 / 排场	20% ～ 30%
专业级	10% ～ 20%
创新 / 个性化	5% ～ 10%

3. 商品组合的匹配原则

商品组合的框架做完了，接下来就要往里面填充具体的商品了。那么，究竟选择哪些商品装配到对应的商品组合位置上去呢？

这里有个最基本的原则就是"匹配"，也就是没有绝对的好商品与坏商品，而是匹配的商品。

（1）匹配当地的消费者群体。不同的消费者群体，对各类型商品的功能认可度是不一样的。甚至，在同一个城市，在不同的社区，消费者的层次和消费能力都是有区别的，需要不同的商品组合来匹配。经营者可根据表 3-10 所示的方法来找到与当地消费者群体相匹配的商品。

表3-10　匹配当地消费者群体的考察方法

序号	考察方法	具体说明
1	考察当地经营多年的同类门店	这些老店的商品结构，是在多年的经营过程中，逐步调整和沉淀下来的，较为贴近当地市场的实际情况
2	考察当地的大卖场，尤其是国际性大卖场	当前国际大卖场大多采取了品类管理，针对每个卖场所处的商圈，进行了消费者群体结构调查，再依据相关的调查数据，设定每个卖场不同商品类别的商品结构和比重，比私营门店靠经营历史沉淀得来的商品结构，效率更高、更专业
3	考察当地商圈	店长自己亲自执行的市场调研，通过走访门店所在商圈的基本情况。例如社区的数量、等级、周边商业机构的消费特点与层级，大型企事业的数量，大中型零售消费企业的状况，主要街道的客流量等情况，来综合分析判断

（2）匹配自己的销售能力。商品组合要与店主卖货能力匹配。通过走访当地的同类门店，可以很快看到初步的商品结构。但是，这是别人的商品结构，别人能经营得很好，不代表你也能，这就涉及店主自己的销售能力了。若是店长本人不亲自值守在店里，而是靠员工来进行销售工作的，还得涉及员工的销售能力，乃至店长的技术辅导和人事管理能力。

三、商品结构调整

调整优化门店的商品结构，就像是在整理计算机的注册表，正确的修改会提高系统的运行速度，不正确的删改可能会导致计算机的系统瘫痪。

1. 商品结构调整的好处

对便利店来说，商品结构的调整优化有图3-20所示的好处。

节省陈列空间，可以提高门店的单位销售额

有助于商品的推陈出新

便于顾客对有效商品的购买，以便保证主力商品的销售份额

有助于协调门店与供应商的关系

提高商品之间的竞争

提高门店的商品周转率，降低滞销品的资金占压

图3-20　商品结构优化的好处

2. 商品结构调整的前提

有的便利店经营者有时会走进这样一个误区：觉得80%的辅助商品和附属商品的占有面积过大。于是删去了很多，以为可以不影响门店的整体销售，同时提高单位面积的产出比和主力商品的销售份额，结果导致门店的货架陈列不丰满，品种单一，门店的整体销售下滑了很多。所以，对于商品的结构调整应是在门店商品品种极大丰富的前提下进行的筛选。

3. 商品结构调整的依据

调整商品结构应以图3-21所示内容作为依据。

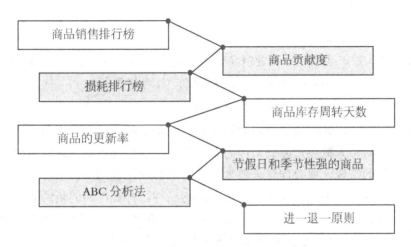

图3-21 商品结构调整的依据

（1）商品销售排行榜。便利店要按商品大类整理出门店每天、每周、每月的商品销售排行榜，从中可以看出每一种商品的销售情况，对于滞销商品要调查其商品滞销的原因，如果无法改变其滞销情况，就应予以撤柜处理。在处理这种情况时应注意图3-22所示的内容。

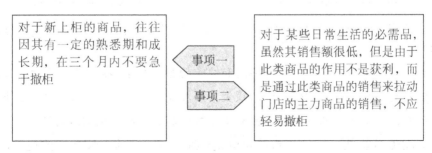

图3-22 处理滞销品的注意事项

（2）商品贡献度。单从商品销售排行榜来挑选商品是不够的，还应看商品的贡献度。

$$商品贡献度 = 商品销售占比 \times 毛利率$$

$$商品销售占比 = 商品销售额 / 总的销售额$$

商品的贡献度是商品结构调整的一个重要依据，它是从该商品的销售额和毛利率这两个指标出发，综合衡量一个商品对整个卖场的贡献度。

（3）损耗排行榜。损耗直接影响商品的总体毛利。特别是生鲜商品要做好损耗的登记，作为商品结构调整的依据。

比如，有些商品的毛利虽然较高，但是由于其风险大，损耗多，可能会导致亏损。

（4）商品库存周转天数。

库存周转天数，也就是库存的商品要用多长的时间才能销售完，其计算公式为：

$$库存周转天数 = 库存金额 / 日均销售成本$$

$$日均销售成本 = 日均销售额 - 日均毛利额$$

便利店的库存周转天数要尽可能地缩短，以降低库存成本和管理费用，但不能一味认为库存周转天数越短越好，因为有可能会出现缺货现象，同时增加收货部门的工作量。总的来说，库存周转天数太长的商品必须尽快淘汰。

（5）商品的更新率。周期性地增加商品的品种，补充门店的新鲜血液，以稳定自己的固定顾客群体是很有必要的。月商品的更新率一般应控制在10%以下，最好在5%左右，新商品的更新率也是考核采购人员的一项指标。

 开店秘诀

> 需要引进的新商品应符合便利店的总体商品定位，不应超出其固有的价格带，对于价格高而无销量的商品，价格低无利润的商品应适当地予以淘汰。

（6）节假日和季节性强的商品。便利店要密切注意节假日和季节性强的商品，并做相应的商品结构调整。

比如，正月十五日前，就应对汤圆和饺子的品项数量和比例进行调整，此时应该增加汤圆的品项数，减少饺子的品项数，而在正月十六，就应重新调整，增加饺子的品项数，减少汤圆的品项数，因为平时饺子的销量要远远超过汤圆。

（7）ABC分析法。ABC分析法也就是"20∶80"原则在实际中的运用，具体如图3-23所示。

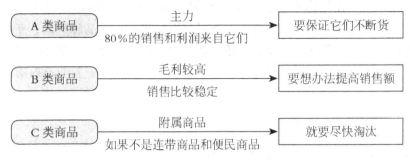

图3-23 ABC分析法

（8）进一退一原则。在商品结构比较完备，商品品项大大丰富后，为了保证货架资源很好地被利用，便利店还必须严格贯彻进一退一原则，即进一个新品，必须以退掉一个旧品为前提，保持一个比较稳定的商品结构和总的品项数。

四、新商品的引进

新商品的引进是便利店经营活力的重要体现，是保持和强化便利店经营特色的重要手段，是便利店创造和引导消费需求的重要保证，是便利店商品结构优化和寻找新的经营增长点的重要方法，也是便利店商品采购管理的重要内容。

1. 新商品的概念

市场营销学的观念认为，产品是一个整体概念，包括三个层次，具体如图3-24所示。

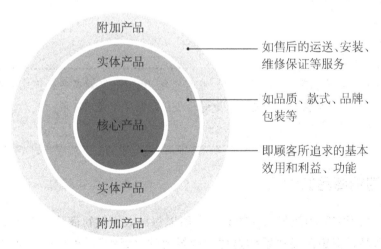

图3-24 产品的三个层次

只要是产品整体概念中任何一个层次的创新、变革与调整，都可称之为新商品。不仅新发明创造的产品是新商品，而且改进型产品、新品牌产品、新包装产品都可称之为新商品。当然，新商品的核心就是整体产品概念中的核心产品，即能给消费者带来新的效用和利益的那部分内容，它也是门店在引进新商品时必须优先考虑因素。

2. 新商品引进的组织与控制

在便利店中，新商品引进的决策工作由便利店负责商品采购的老板或店长做出，具体引进的操作由相关采购人员负责。新商品引进的控制管理关键是建立一系列事前、事中和事后的控制标准。

（1）事前控制标准。采购人员应在对新引进商品市场销售前景进行分析预测的基础上，确定该新引进商品能给门店带来的既定利益，这一既定利益可参照目前门店从经营同一类畅销商品所获得利益或新品所替代淘汰商品获得的利益，如规定新引进商品在进场试销的3个月内，销售额必须达到目前同类畅销商品销售额的80%或至少不低于替代淘汰商品销售额，方可列入采购计划的商品目录之中。

（2）事中控制标准。在与供应商进行某种新商品采购业务谈判过程中，要求供应商提供该商品详细、准确、真实的各种资料，提供该商品进入门店销售系统后的促销配合计划。

（3）事后控制标准。负责该新商品引进的采购人员，应根据新商品在引入门店试销期间的实际销售业绩（销售额、毛利率、价格竞争力、配送服务水平、送货保证、促销配合等）对其进行评估，评估结果优良的新商品可正式进入销售系统，否则中断试销，不予引进。

开店秘诀

> 便利店可根据经营需要，对全国各地的"名、特、优"新品实行跨地区采购，以便推动便利店商品结构的不断更新，更好地凸显便利店的经营特色，更大程度地满足消费者需要。

五、滞销商品的淘汰

由于便利店空间和经营品种的有限，所以每导入一批新商品，就相应地要淘汰一批滞销商品，滞销商品可看作是便利店经营的"毒瘤"，直接侵蚀便利店的经营效益。选择和淘汰滞销商品，成为便利店商品管理的一项重要内容。

1. 滞销品的选择标准

（1）销售额排行榜。根据本门店POS系统提供的销售信息资料，挑选若干排名靠后的商品作为淘汰对象，淘汰商品数大体上与引入新商品数相当。以销售排行榜为淘汰标准，在执行时要考虑图3-25所示的两个因素，如果是这两个因素造成的滞销，对其淘汰应持慎重态度。

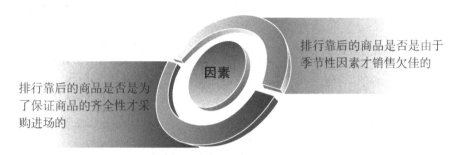

图3-25　以销售排行榜为淘汰标准应考虑的因素

（2）最低销售量或最低销售额。对于那些单价低、体积大的商品，可规定一个最低销售量或最低销售额，达不到这一标准的，应淘汰该商品，否则会占用大量宝贵的货架空间，影响整个卖场销售。实施这一标准时，应注意这些商品销售不佳是否与其布局与陈列位置不当有关。

（3）商品质量。对被技术监督部门或卫生部门宣布为不合格商品的，理所当然地应将其淘汰。

开店秘诀

> 对于便利店来说，引进新商品容易，而淘汰滞销商品阻力很大。为了保证便利店经营高效率，必须严格执行标准，将滞销商品淘汰出便利店。

2. 商品淘汰的作业程序

（1）列出淘汰商品清单，交由老板或店长确认、审核、批准。

（2）统计出门店和仓库所有淘汰商品的库存量及总金额。

（3）确定商品淘汰日期：便利店最好每个月固定某一日为商品淘汰日，所有门店在这一天统一把淘汰商品撤出货架，等待处理。

（4）淘汰商品的供应商贷款抵扣：到财务那查询被淘汰商品的供应商是否有尚未支付的贷款，如有，则作淘汰商品抵扣货款的会计处理，并将淘汰商品退给供应商。

（5）将淘汰商品记录存档，以便查询，避免因时间一长或人事变动等因素将淘汰商品再次引入。

3. 退货的处理方式

传统的退货处理方式主要有图3-26所示的两种。

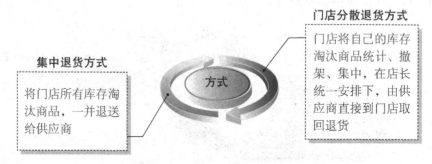

集中退货方式

将门店所有库存淘汰商品，一并退送给供应商

门店分散退货方式

门店将自己的库存淘汰商品统计、撤架、集中，在店长统一安排下，由供应商直接到门店取回退货

方式

图3-26 传统的退货处理方式

为了降低退货过程中的无效物流成本，目前便利店通常采取的做法是在淘汰商品确定后，立即与供应商进行商讨，商谈2个月或3个月后的退货处理方法，争取达成一份退货处理协议，按图3-27所示的两种方式处理退货。这种现代退货处理方式为非实际退货方式（即并没有实际将货退还给供应商），它除了能大幅度降低退货的物流成本之外，还为便利店促销活动增添了更丰富的内容。

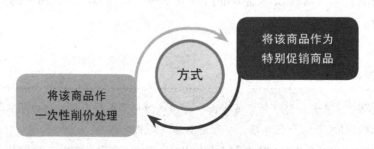

将该商品作为特别促销商品

将该商品作一次性削价处理

方式

图3-27 非实际退货处理方式

4. 非实际退货方式注意事项

（1）选择非实际退货方式还是实际退货方式的标准，是削价处理或特别促销的损失是否小于实际退货的物流成本。

（2）采取非实际退货方式，在签订的"退货处理协议"中，要合理确定门店和供应商对价格损失的分摊比例，门店切不可贪图蝇头小利而损害与广大供应商良好合作的企业形象和信誉。

（3）对那些保质期是消费者选择购买重要因素的商品，连锁商与供货商之间也可参照淘汰商品的非实际退货处理方式，签订一份长期"退货处理协议"，把即将到达保质期的库存商品进行削价处理或用特别促销处理办法纳入门店日常管理轨道。

（4）如果退货物流成本小于削价处理损失，而采取实际退货处理方式时，便利店要对门店退货撤架以及空置陈列货架的调整补充进行及时统一安排，保证衔接过程的连续性。

六、临期商品的处理

临近保质期商品，是指快到保质期但还未过保质期的商品。为了确保顾客的利益，减少企业的损耗，便利店应定期清理临近保质期商品，并尽快做出处理。

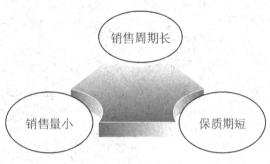

图3-28　重点检查商品

1. 控制方法

便利店对货架上每件商品的保质期都必须进行严格把关，对于图3-28所示的三种类型的商品要重点检查。

2. 处理措施

便利店对于临近保质期的商品，可以采取以下处理措施，如图3-29所示。

措施一	与采购部门或供应商联系，协商退货或换货。如果协商不成，可以改变陈列方式，进行促销
措施二	有些商品可根据情况进行降价处理
措施三	对于临近保质期的商品，如果还没有售完，则应通知采购部门或供货商根据库存的多少，控制商品的订货
措施四	如果架上商品临近保质期，可先暂时不让新货上货架陈列

图3-29　临近保质期商品的处理措施

第四章

店铺日常管理

管理对于小小的社区便利店来说也是非常重要的，完善的管理不仅可以让店铺运营得有条不紊，并且可以在无形中增加业绩。

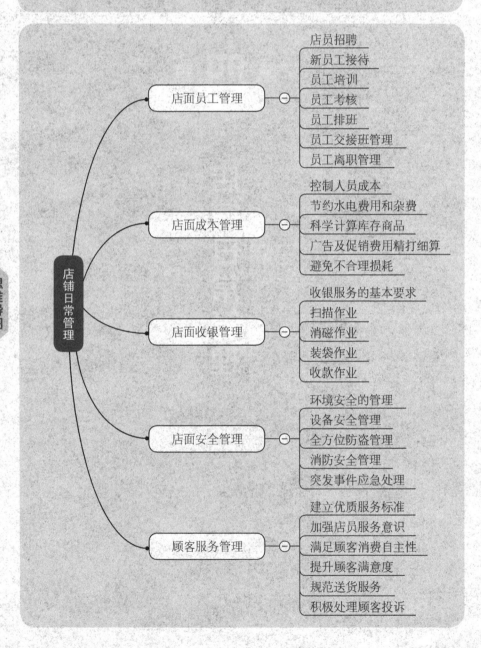

店铺日常管理

店面员工管理
- 店员招聘
- 新员工接待
- 员工培训
- 员工考核
- 员工排班
- 员工交接班管理
- 员工离职管理

店面成本管理
- 控制人员成本
- 节约水电费用和杂费
- 科学计算库存商品
- 广告及促销费用精打细算
- 避免不合理损耗

店面收银管理
- 收银服务的基本要求
- 扫描作业
- 消磁作业
- 装袋作业
- 收款作业

店面安全管理
- 环境安全的管理
- 设备安全管理
- 全方位防盗管理
- 消防安全管理
- 突发事件应急处理

顾客服务管理
- 建立优质服务标准
- 加强店员服务意识
- 满足顾客消费自主性
- 提升顾客满意度
- 规范送货服务
- 积极处理顾客投诉

对于门店来说，管理员工也是一门学问，好的员工管理可以让员工做事认真负责，带来的正面效益也会越来越大。

一、店员招聘

一般来说，连锁便利店的新员工招聘是由总部的人力资源部负责，店主只需要负责提交增员申请即可。不过，独立便利店则要由店主亲自负责新员工的招聘。

1. 招聘渠道

店主可以通过熟人介绍，也可在店门前张贴招聘海报，还可在58同城、赶集网等网站上发布招聘信息。

如图4-1所示的是××便利店在网络上发布的招聘信息。

便利店营业员（带薪年假）

4000～5000元/月

学历：不限 ｜ 经验：不限 ｜ 招聘人数：2

百度百聘会员企业精选职位 　直投　读职位可直接投递，便捷有保障

防骗指南：又到一年求职旺季，网络求职需要谨慎，下面是小编精心挑选的防骗精华，找工作一定要看哦！ 查看更多▶

职位描述

公司福利： 带薪年假　交通补贴　年度旅游　免费聚餐　免费培训　商业保险　每月聚餐　生日礼物　工作环境优
美　绩效奖　全勤奖

职位类型：餐饮|酒店|超市|服务业
发布时间：2021-07-23
有效日期：2021-10-06

基本要求：年龄18～28岁
工作地点：东莞 街道

职位描述：
1. 接待顾客的咨询，了解顾客的需求并达成销售；
2. 负责做好货品销售记录、盘点、账目核对等工作，按规定完成各项销售统计工作；
3. 完成商品的来货验收、上架陈列摆放、补货、退货、防损等日常营业工作；
4. 做好所负责区域的卫生清洁工作；
5. 完成上级领导交办的其他任务。

任职资格：
1. 初中以上学历；
2. 有相关工作经验者优先；
3. 具有较强的沟通能力及服务意识，吃苦耐劳；
4. 年龄18～28岁，身体健康。

图4-1　网上发布的店员招聘信息

2.招聘要求

对于应聘人员，经营者要明确其岗位职责以及任职要求等，以便确定最合适的人选。不同的岗位，其岗位职责与任职要求也不相同。

比如，店长助理的岗位职责为：对门店店长负责，根据店长指示开展工作，协助店长做好门店销售工作，协助店长做好门店基层人员的培训和管理工作，在店长授权下代行店长职责，对店长和门店负责。

二、新员工接待

当门店有新员工来时，为了更好地培养新员工，使其更快地融入集体，为店铺创造利润，经营者应做好新员工的接待工作。当然，新员工的培养与应用，最终的目的是为店铺创造价值。因此，无论是总部招聘分派来的，还是店长自己招聘的，店长都要做好接待工作。

一般而言，接待新员工的一般程序，主要如图4-2所示。

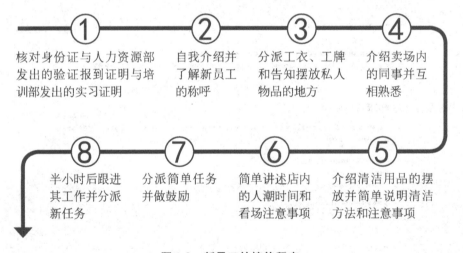

图4-2 新员工的接待程序

店长应告知新同事"欢迎加入我们的团队，我是××，接下来我们将会一起工作"。店长将上班用品交给新同事，并告知其使用方法，以及仓库、饮水区、洗手间等位置。

开早会时，应将新同事郑重地介绍给所有的同事（相互握手认识），安排一个资深的同事作为新同事的师傅，引导其快速适应工作。

当新员工刚刚来到一个陌生的环境时，或多或少会感到有点不安。因此，经营者应多点关心，令他/她尽快适应新环境，多给予其一些肯定。

三、员工培训

1. 带领新员工参加总部培训

便利店员工的培训工作一般由总部人力资源部主导，门店店长负责将其组织到总部参加新员工培训班。一般总部培训以介绍和交流为主，主要包括以下事项。

（1）公司发展历程、企业文化与价值观、经营理念和战略目标、各项业务的发展态势等公司概况。

（2）公司的招聘选拔、人才培养、培训开发、绩效薪酬等人力资源管理体系。

（3）职业生涯规划的意义、步骤以及职业道德方面的要求。

（4）公司员工职业生涯发展的成功案例。

（5）休假、财务报销等常见事务的办理。

通过总部培训，新员工对公司的情况有了进一步了解，增强了对未来发展的信心，并在相互交流中增进了认识，加强了沟通理解，为今后更快适应工作环境并展开工作奠定了良好的基础。

经营者要提前告知新员工培训的时间、地点、培训内容等基本事项，以免出现培训时有人迟到、缺席的情况。

2. 根据门店情况做针对性培训

经营者应根据本店铺的实际情况，对新员工进行针对性的培训。

（1）培训内容。在培训过程中，经营者必须由始至终向其灌输良好的顾客服务意识并详细教导每一项工作的程序。如表4-1所示的是××便利店培训提要。

表4-1 ××便利店培训提要

第一天		第二天		第三天	
内容	时间/分钟	内容	时间/分钟	内容	时间/分钟
店务工作须知	30	店铺清洁工作	60	店铺机器操作及维护	110
介绍店铺环境	30	收货 ——供应商 ——中央仓	120	存货管理	120
店铺重要物件	20	货架整理及货品陈列	90	夜间电话联系	10
重要电话清单	10	推广活动	30	收银机练习	180
特设货品介绍	30	收银机操作	90	时间合计	420（7小时）
推行顾客服务	30	软件操作	60		
收银机操作练习	120	时间合计	450（7.5小时）		
快餐食品操作	60				
店铺清洁工作	120				
时间合计	450（7.5小时）				

（2）培训评估。培训结束后，店长要对新员工的培训进行评估，以便了解培训效果。如表4-2所示的是××便利店新员工培训评估表。

表4-2 ××便利店新员工培训评估表

工作事项	测评结果（优、良、中、差）	备注
一、店铺清洁		
（1）根据工作分配完成清洁工作		
（2）自如运用各种清洁用具		

工作事项	测评结果 （优、良、中、差）	备注
二、收货步骤		
（3）于店内指定地方收货		
（4）于收货前安排退回坏货		
（5）清楚核对送货单上的地址及店号		
（6）查看订货记录及应收货品的名称、数量、品质、容量及食用日期		
（7）将错单的正本及副本同时修改		
（8）点收无误后，盖印及签名		
（9）即时登记该货单并将之妥存		
（10）整个收货程序应由同一店员执行		
三、货品处理及整理货架		
（11）检查货品是否损坏或过期		
（12）依照货品陈列图上货		
（13）将新货放于旧货之后，以便先销售旧货		
（14）清洁货品及货架		
（15）将正确的价钱牌置于货品的左下角，供顾客查阅		
（16）补充货品，以免缺货		
（17）缺货的货品正确插上缺货牌		
（18）在货品背面右上角打上正确的快速码或货品编号		
四、坏货、消耗品、自用品的处理		
（19）取出已损坏或过期的货品停止售卖		
（20）登记坏货并留给经理检查		
（21）登记取自店内作店铺自用的货品		
五、推广活动		
（22）清楚"推广备忘录"的位置		
（23）根据"推广备忘录"张贴海报		
（24）根据"推广备忘录"陈列货品		
（25）向顾客推介推广产品		

工作事项	测评结果 （优、良、中、差）	备注
六、交班程序		
（26）于指定时间内进行交班程序		
（27）交班期间亦要提供良好的顾客服务		
（28）找赎钱数目，画线，双方签名确认		
（29）交班程序正确		
七、软件操作		
（30）用软件准确输入收货资料		
（31）利用软件查核货品价钱是否与货品牌相同		
（32）根据软件的查价功能准确填写价钱牌各项内容		
（33）利用软件收钱		
（34）准确在软件输入上下班时间		
总得分		

四、员工考核

绩效考核是对员工工作成绩的考核，是店长的重要工作之一。一般来说，便利店每月月底都会进行月度绩效考核，到年底时又要进行年度绩效考核，有些便利店还要进行季度考核。每家便利店情况不同，店长要根据便利店实际情况做出适当安排。

店长应根据具体的考核指标制定相应的考核标准，将员工的考核结果依照各项考核指标填入表中，进行汇总，以准确得出员工的实际工作结果。

考核工作重在总结员工的工作情况。对考核结果优异的员工，店长要进行通报表扬，并给予适当激励。对考核不达标的员工，店长则要找其谈话，就考核中出现的问题与其深入沟通，找出解决问题的方法，并确定改进计划，以便在下次考核工作中不要出现同样的问题。

表4-3所示的是××便利店员工绩效考核表。

表4-3 ××便利店员工绩效考核表

项目	考核内容	各项分值	考核得分	评语	
				店长助理意见	店长意见
仪容仪表	（1）穿着规范化、统一化	4			
	（2）个人卫生洁净、整齐	3			
	（3）化淡妆、无过多装饰品	3			
	（4）精神饱满、服务规范化	3			
工作素质	（1）适应性和学习能力	4			
	（2）守规情形，忠于本职工作程度与服从性	4			
	（3）诚实性	4			
	（4）工作主动、积极	4			
	（5）有团队精神	4			
	（6）面对工作压力有较好的心理承受力	3			
业务能力	（1）了解店内的有关商品知识情况	4			
	（2）商品陈列规范	3			
	（3）设备使用熟练度、准确度	3			
	（4）收银规范	4			
谈吐态度	（1）礼貌亲切的服务用语	3			
	（2）热情、大方、亲切的服务应对之道	3			
	（3）不串岗、不聊天、不做私事的工作态度	4			
工作质量	（1）收银无差错	4			
	（2）有介绍商品情况	4			
	（3）顾客满意门店的服务，无抱怨、无投诉	4			
	（4）排面整齐，补货及时	3			
	（5）店铺维持整洁	3			
	（6）设备保养按操作手册执行	4			

续表

项目	考核内容		各项分值	考核得分	评语	
					店长助理意见	店长意见
其他	（1）交班工作移交妥当		3			
	（2）有防火、防盗		3			
	（3）冷静、有效处理突发事件		3			
	（4）爱护公司公共物品		3			
	（5）节约用电、用水等能源		3			
	（6）能提出可行性建议		3			

应出勤天数	实际出勤天数	迟到	旷工	事假	病假	其他	扣分	等级

总计分数	

被考核人意见及希望	

五、员工排班

对于24小时便利店，其工作是日夜不停的，因为随时都会有顾客来买东西。因此，便利店必须做好每月的排班工作。在制定排班表的过程中，经营者还要确定便利店每天的值班人员。店长不在便利店的时候，值班人员就是便利店的最高负责人，因此，经营者应高度重视对值班人员的工作安排，一定要选择最合适的人选。

六、员工交接班管理

由于便利店营业时间较长，有的18小时，有的24小时，因此员工需要交接班。经营者要制定统一的交接班操作规程，以免交接班中出现问题。

（1）交接班本填写的商品数量必须与实际库存数量相符，双方当场清点数量并签字，对账实不符的须查明原因后方可交接，若发现商品有丢失的情况，应及时报告店长进行处理。

（2）交接班本不得随意撕页，应完整保存，月初重新建立一本新的交接班本。

（3）交接班本应妥善保管，店长将不定期对交接班本进行抽查。

（4）商品的验入、调入、销售退回（红字说明），若进方有变动则在交接班本背面注明商品配送单号、验收单号或商品出库单号、调拨（调入）单号等信息，由交班人和接班人同时签名确认，并由店长审核。

（5）商品销售、调出、进货退回（退回供应商或返配回仓库，用红字说明）和熟食商品报损等，若销损方有变动则在交接班本背面注明销售小票流水号、调拨（调出）单号及熟食商品报损单号，由交班人和接班人同时签名确认并由店长审核。

（6）存方填制为"上班存＋本班进－本班销损"的数值。

（7）填写交接班本时字迹要工整，不得潦草。

七、员工离职管理

当有员工提出离职时，经营者应仔细分析员工离职原因，并采取措施，降低员工离职率。

1.分析员工离职原因

一般来说，员工离职原因有以下几种。

（1）有的高素质员工为了实现自身的价值，谋求发展而跳槽。

（2）为了寻求更高的薪酬收入而跳槽。

（3）便利店被普遍认为是技术含量不高的行业，所以员工为了寻求一份稳定的、有前途的工作而跳槽。

2.降低员工流失的措施

为了更好地留住员工，经营者可采取以下措施。

（1）物质激励措施。比如，给员工支付较高的工资，改善员工的福利待遇等。

（2）精神激励措施。比如，诚心诚意留用员工，强化情感投入，充分授权以满足员工干事业的需要等。

（3）采取图4-3所示的不同周期的留人措施。

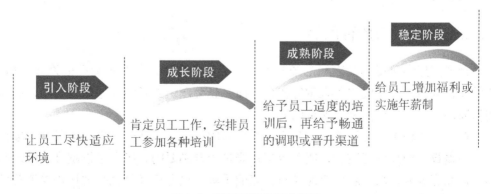

图4-3　不同周期的留人措施

3. 受理员工离职

（1）如果员工要离职，经营者应先与其进行正式谈话，提出挽留。

（2）如果员工执意要离职，应让其填写离职申请表，并上交由便利店所发的工作用品，如工服、工牌等，同时填写离职清单，待相关部门领导签字同意后，店长最后签字确认，员工方可正式离职。

第二节　店面成本管理

店面成本管理在门店运营过程中尤为重要，一旦控制得当就能使门店的成本较小从而达到利润较大，而如何行而有效地控制店面成本也成为店主的必备技能。

一、控制人员成本

在店铺经营中，店铺租金及水电费、商品成本等基本上都是固定不变的，而人员的工资及提成奖金等占销售管理费用较大比例，店主应控制人员成本。

（1）选择合理数量的精干人员，在旺季或销售繁忙时临时聘请兼职人员。

（2）所有人员的工资及提成资金等占门店毛利率的比例应控制在40%以内。

（3）培养店员一专多能的能力，用尽量少的人做尽量多的事情。

二、节约水电费用和杂费

对于水电费用和杂费等，采用节约的原则，如减少不该有的照明，或者办公用品集中采购等，以此来节约部分的杂费。而对于一些不经常使用的大型设备，可以采用租赁的方式。

三、科学计算库存商品

合理的库存可以提高店铺的盈利率。如果库存太少，将增加商品的采购费用；如果库存太多，不仅要占用大量的资金，而且也会产生更多的仓储保管费用，甚至因为商品销售不畅进而造成大量的商品损耗。

在营业过程中，每天的存货都会随着厂商的进货，店铺的销售、退货、报废和门市间调拨等增加或者减少，所以存货记账是十分必要的。店主可以制订一份商品购进计划完成表，从而对库存商品有一定的了解。只有正确且完整地记账并填写各种存货的报表，才能管理好店铺的所有存货。

四、广告及促销费用精打细算

有些广告促销用品要反复地利用，或者亲手来制作，以节约费用。如一些促销海报，可以采用亲手绘制的方法来节约费用。有些精明的店主会通过组织手绘海报的活动来发现店员中的人才，并且在以后安排重用。

在确定广告宣传计划时，要根据媒体的读者定位、发行量等因素来精心挑选合广告载体。如社区内的小店做广告宣传，适宜派店员去附近的社区做直投。

促销费用更要精打细算。如采用加量促销方法时，加量多了会收不回成本，而加量少了对顾客又没有吸引力，所以店主应该计算出最合适的加量比例。有一些促销活动，如果采取独特的形式，将起到很不错的效果。

五、避免不合理损耗

开店，损耗是难以避免的。如果损耗在正常范围内，对门店营收基本上没有什么影响，但是不注意控制，导致损耗过大，就会直接影响门店收益，长此以往甚至会让门店因收入少而面临倒闭。因此，店主要合理控制门店的损耗，尽量避免不合理的损耗。

 **相关链接**

非生鲜商品损耗控制措施

非生鲜品主要是指日化类、日配类、休闲类食品等商品。

1.日化类商品的损耗控制

日化类商品主要是由偷盗、盘点错误等原因造成的损耗，其损耗控制措施如下。

（1）在日化区设立专柜收银台。

（2）商品组对重点易盗商品进行跟踪销售，要求员工养成主动带顾客到专柜收银台买单的习惯。

（3）将重点盘面进行区域划分，定人定岗，责任到人，防损组对责任人的在岗情况进行监督。

（4）商品组按照日盘点工作的流程要求，执行到位。

（5）在节假日、作案的高发时间段，防损组可安排相关人员重点巡视。

（6）经常组织日化区员工学习各种偷盗案例，提高员工的防盗意识和防盗技巧。

（7）合理投放防盗标签，要求商品组室对重点易盗商品必须100%投放到位，限量陈列。

（8）在仓库入口建立员工出入登记，防损组在仓库内建立重点区域巡视记录表，不定时进行巡查。

（9）仓库内商品必须整件封箱存放，取走商品必须在库存管理卡上注明数量、姓名，再封箱。

（10）盘点前将仓库、非牌面商品按要求分类整理好。

（11）做好员工盘点前的培训工作。

（12）对盘点中库存调整较大的单品进行重点稽核。

2.日配类商品的损耗控制

日配类商品主要是由偷盗、风干、串码销售等原因造成的损耗，其损耗控制措施如下。

（1）对重点易盗的包装腊制品100％进行防盗标签投放，软标粘在产品标识的里侧。

（2）对价格高、易丢失的包装腊制品限量陈列，可使用纸箱垫底的方法以保持排面的丰满。

（3）将重点盘面进行区域划分，定人定岗，责任到人，防损组对责任人的在岗情况进行监督。

（4）在节假日、作案的高发时间段，防损组可安排相关人员重点巡视。

（5）合理订货，避免散装腊制品大库存积压，防止过度风干。

（6）散装腊制品，销售过程中需刷油，停止营业后必须加盖油布，防止风干。

（7）散装腊制品排面上适量陈列，不要陈列在空调风口下，或者风可以直接吹到的地方。

（8）不同价格的相同产品（如不同价格的散装香肠）不要陈列在一起，避免顾客选混。

（9）司称员要熟悉卖场商品，提高分辨商品的能力。

3.休闲类食品的损耗控制

休闲类食品主要是由偷盗、串码销售、盘点错误、过期报损等原因造成的损耗，其损耗控制措施如下。

（1）对易盗的高价散装食品（散装开心果、牛肉干）打包销售。

（2）对价格高、易丢失的包装商品限量陈列，可使用纸箱垫底的方法以保持排面的丰满。

（3）将重点盘面进行区域划分，定人定岗，责任到人，防损组对责任人的在岗情况进行监督。

（4）在节假日、作案的高发时间段，防损组可安排相关人员重点巡视。

（5）不同价格的相同产品（如不同价格散装果冻）不要陈列在一起，避免顾客选混。

（6）收货时按照要求对散货称净重。

（7）关注食品的保质期，临到期商品及时提醒门店处理，避免报损。

第三节　店面收银管理

收银作业作为门店与顾客之间进行商品交易的最终环节，在门店的经营管理中显得格外重要。收银工作稍有不慎，都可能给门店、顾客、收银员个人造成损失。因此，加强对收银工作的管理，对每一个便利店来说都是十分必要的。

一、收银服务的基本要求

站在消费者的角度上，零售业的购物环境，收银员的微笑服务、礼貌待人、收银速度等是顾客认准一家店的理由。收银服务的基本要求如图4-4所示。

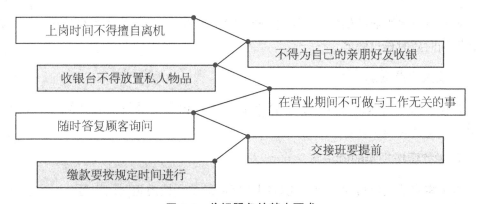

图4-4　收银服务的基本要求

1. 上岗时间不得擅自离机

如确实需要离开时必须要将"暂停收款"牌放在收银台上，用链条将收银通道拦住，将现金全部锁入收银机的抽屉里并锁定，钥匙必须随身带走或交收银主管保管，将离开收银台的原因和回来的时间告诉临近的收银员。

开店秘诀

离开收银机前，如还有顾客等候结算，不可立即离开，应以礼貌的态度请后来的顾客到其他的收银台结账。

2. 不得为自己的亲朋好友收银

这样做可以避免不必要的误会和可能产生的不道德行为，如收银员利用收银职务的方便，以低于原价的收款登录至收银机，以门店利益来满足自己私利，或可能产生内外勾结的"偷盗"现象。

3. 收银台不得放置私人物品

由于收银台上随时都有顾客退货的商品和临时决定不购买的商品，如私人物品也放在收银台上，容易与这些商品混淆，造成他人误会。

4. 在营业期间不可做与工作无关的事

要随时注意收银台前和视线所见的卖场内的情况，以防止和避免不利于卖场的异常现象发生。

5. 随时答复顾客询问

收银员要熟悉商品的位置、变价商品和特价商品，以及有关的经营状况，以便顾客提问时随时作出解答。

6. 交接班要提前

交接班时，要求接班人员提前15分钟到岗，由上午班员工清点备用金给下午班员工，办好交接手续。

7. 缴款要按规定时间进行

由于零售业收银员大多数是轮班制，因此缴款要按规定时间进行。

二、扫描作业

扫描是收银的基本步骤，收银员要做好扫描工作，同时按不同情况处理好扫描例外，使所有商品都能够得到准确扫描。

1. 接过商品

收银员要快速、稳定地接过商品，避免摔坏。

2. 开始扫描

开始扫描时，要达到图4-5所示的要求。

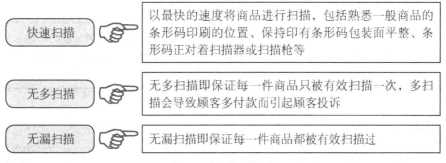

图4-5　扫描的要求

3. 扫描失效处理

当发现扫描失效时，按表4-4所示的方法处理。

表4-4　扫描失效处理方法

序号	常见现象	原因	处理措施
1	条码失效	（1）条码损坏、有污渍、磨损 （2）条码印刷不完整、不清楚	（1）在同样的商品中找到正确的商品条码，用手工扫描方式解决 （2）条码重新计价印刷
2	条码无效	（1）编码可能错误 （2）条形码重复使用或假码	（1）核实商品的售价，以价格销售的方式售卖 （2）将例外情况记录，并跟踪解决
3	多种条码	（1）商品的包装改变，如买一送一 （2）促销装商品的赠品条码有效	（1）核实正确的条码 （2）跟进所有的非正确条码，必须予以完全地覆盖
4	无条码	（1）商品本身无条码，自制条码脱落 （2）商品条码丢失	（1）找出正确的条码，用手工扫描 （2）跟进剩余商品的条码检查

三、消磁作业

收银员消磁时，要快速将每一件已经扫描成功的商品进行消磁。保证每一件商品都经过消磁且消磁成功，包括熟悉商品消磁的正确方法和有效的消磁空间，掌握重点消磁的商品。进行硬标签手工消磁时，不能损坏商品，应轻取轻拿。

消磁例外处理措施如表4-5所示。

表4-5　消磁例外处理措施

序号	名称	原因	处理措施
1	漏消磁	商品未经过消磁程序	（1）商品必须经过消磁程序 （2）重新消磁
2	消磁无效	商品消磁的方法不正确，超出消磁的空间	（1）结合消磁指南，掌握正确的消磁方法 （2）特别对软标签的商品予以熟记 （3）重新消磁

开店秘诀

正确地消磁是非常重要的，否则容易引发误会，引起顾客的不满，而且增加了收银稽核人员的工作量与工作难度。妥善地处理好消磁例外是收银管理人员的职责之一。

四、装袋作业

顾客购买商品后，如果需要装袋，收银员应为其做好装袋工作，装袋时要注意将商品分类并排列整齐，避免损坏。

1. 正确选择购物袋

如果顾客并未自带购物袋，要求购买购物袋，一定要正确选择购物袋。购物袋尺寸有大小之分，根据顾客购买商品的多少来选择合适的购物袋。当然在限塑的情况下，最好问明顾客需要哪号袋，并且告知对方该袋的价格。

2. 将商品分类装袋

商品分类是非常重要的，正确科学地分类装袋，不仅能提高服务水平、增加顾客满意度，还能体现尊重顾客、健康环保的理念。

3.装袋技巧

掌握正确的装袋技巧，做到又快又好，既避免重复装袋，又达到充分使用购物袋、节约成本、使顾客满意的效果。具体如图4-6所示。

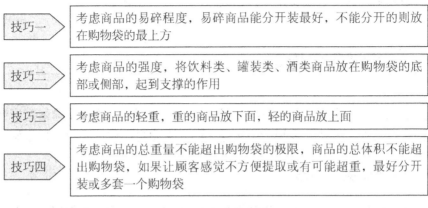

技巧一　考虑商品的易碎程度，易碎商品能分开装最好，不能分开的则放在购物袋的最上方

技巧二　考虑商品的强度，将饮料类、罐装类、酒类商品放在购物袋的底部或侧部，起到支撑的作用

技巧三　考虑商品的轻重，重的商品放下面，轻的商品放上面

技巧四　考虑商品的总重量不能超出购物袋的极限，商品的总体积不能超出购物袋，如果让顾客感觉不方便提取或有可能超重，最好分开装或多套一个购物袋

图4-6　商品装袋的技巧

4.例外处理措施

当出现例外情况时，请按表4-6所示的方法处理。

表4-6　装袋例外处理措施

序号	原因	处理措施
1	商品过重	使用多个购物袋或多套一个购物袋
2	不能装袋	向顾客解释因所购商品大小问题，不能装袋
3	袋子破裂	去掉破裂袋子，重新包装

五、收款作业

1.现金、银行卡等形式收款

接受顾客付款时，必须以合适的音量说"收您××元"，此为唱收原则。点清所收的钱款时，必须将正确金额输入收银机中。无论是现金、银行卡，还是移动支付等形式的付款，都必须在收银机上选择正确的付款键输入。接受现金付款时，必须对现金进行真假的识别。

不同面值的现金必须放入银箱规定格中，不能混放或放错位置。银行卡单及有价证券不能与现金混放。

2. 自助机结账

由于移动互联网的快速发展和支付形式的多样化，现在有很多大型门店已经实行了顾客自助结账，这样不但可以加快结账的速度，也可以省掉人工成本。但门店在使用自助收款机时，也应安排专人在旁边进行指导和帮助。

第四节 **店面安全管理**

为了给顾客一个安全的购物环境，保护门店及顾客与员工的生命财产安全，门店应做好安全管理，并及时发现或解决存在的安全隐患，做好安全防护措施。

一、环境安全的管理

购物环境的安全对人员安全管理有极大的影响，如果管理得很好，员工和顾客的安全就有了一个良好的保证。

1. 溢出物管理

溢出物一般是指地面上的液体物质，如污水、饮料、黏稠液体等。溢出物无论在卖场的任何地方，都必须立即清除。

卖场销售区域的溢出物处理程序如图4-7所示。

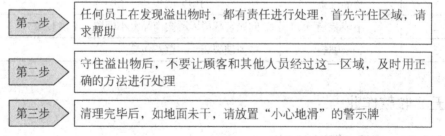

第一步　任何员工在发现溢出物时，都有责任进行处理，首先守住区域，请求帮助

第二步　守住溢出物后，不要让顾客和其他人员经过这一区域，及时用正确的方法进行处理

第三步　清理完毕后，如地面未干，请放置"小心地滑"的警示牌

图4-7　溢出物处理程序

开店秘诀

如溢出物属于危险化学品或专业用剂，必须应正确的方式予以清除，必要时需要专业人员的帮助。溢出物正确处理是为了避免不必要的滑倒和人身伤害。

2. 垃圾管理

垃圾是指地面上的货物、废弃物。卖场的垃圾主要指纸皮、废纸、塑料袋等。垃圾管理要求如图4-8所示。

要求一	垃圾无论在卖场的任何地方，都必须立即清除
要求二	看见卖场有垃圾，任何员工都有责任将一块纸皮、一张纸屑或一小段绳子拾起，放入垃圾桶内。垃圾及时处理是为了保持干净的购物环境，减少不安全的因素
要求三	非操作区域的垃圾遵循相应的指示规定

图4-8　卖场垃圾管理要求

3. 障碍物管理

障碍物指与购物无关、阻碍购物或存放不当的物品。如在消防通道的梯子、销售区域的叉车甚至散落在通道上的卡板、商品等，都是障碍物。

障碍物正确处理可以消除危险、不安全的因素，使物品摆放在应有的区域而不脱离员工的管控范围。

4. 商品安全管理

它主要是指商品陈列的安全，不仅指商品是否会倒、掉落等，也包括价格的标识牌是否安全可靠。货架的陈列用一定的陈列设备进行防护，堆头陈列的高度有一定的限制和堆积技巧，使其稳固。货架的商品库存存放必须符合安全标准。

二、设备安全管理

设备安全管理不仅对员工重要，而且对顾客也很重要。门店常用的设备有货架、购物车（筐）、叉车、卡板及电梯等。

1. 货架安全

在门店卖场中，必须注意货架不能过高，摆放要平稳，位置要适当，不能有突出的棱角，以免对顾客或员工造成伤害，同时货架上的商品应堆放整齐，不能过高。

2. 购物车安全

门店应经常检查购物车（筐）是否损坏，比如断裂、少轮子等；购物车（筐）

是否存在有伤人的毛刺；购物车是否被顾客推离停车场的范围；购物车是否零散地放在停车场内。

3.叉车安全

对卖场内叉车，可按以下要求进行管理。

（1）使用手动叉车前，必须经过培训。

（2）叉车叉必须完全进入卡板下面，将货物叉起，保持货物的平稳。

（3）叉车在使用时，必须注意通道及环境，不能撞及他人、商品和货架。

（4）叉车只能一人操作。

（5）叉车空载时，不能载人或在滑坡上自由下滑。

（6）叉车不用时，必须处于最低的状态，且存放在规定的地方。

（7）叉车的载重不能超过极限。

（8）损坏的叉车必须进行维修或报废，不得使用。

4.托板/卡板安全

对卖场内的托板/卡板，可按以下要求进行管理。

（1）已经断裂或霉变的卡板要停止使用。

（2）搬运木制的卡板时，请戴好防护手套。

（3）不要在积水多的部门使用木制卡板，如生鲜操作区域或冷冻、冷藏库内。

（4）空卡板不能竖放，只能平放和平着叠放。

（5）空卡板必须及时收回到固定的区域，严禁占通道、销售区域及门店的各出口。

三、全方位防盗管理

1.店铺失窃的形式

店铺失窃的常见形式如表4-7所示。

表4-7 店铺失窃的形式

序号	形式	具体内容
1	暗度陈仓	随身隐藏，这种现象比较常见，将商品隐藏在衣服内带走，一般会穿比较宽松的衣服，比如夹克、大衣等
2	移花接木	将低价商品的条形码更换到高价商品上
3	偷梁换柱	将高价商品装入低价商品的包装内，以低价商品的价格结账

序号	形式	具体内容
4	蒙混过关	将商品隐藏到其他商品内，比如将小件商品藏到大件商品内，只结算大件商品
5	监守自盗	店内员工偷窃

2. 陈列防盗

利用陈列防盗，门店可以采取以下措施。

（1）最容易失窃的商品不应放置在靠近出口处，因为那里人员流动大，店员不易发现或区分偷窃者。

（2）采取集中的方式，把一些易丢失、高价格的商品集中到店铺一个相对较小的区域，形成类似"精品间"的购物空间，非常有利于商品的防窃。

（3）将店铺的陈列整理得整齐有序，会让偷窃者产生心理上的压力。

3. 人员防盗

人员防盗也是店铺使用比较普遍的一种防盗方式。

（1）明快地喊一声"欢迎光临"，使气氛变得明朗。

（2）经常注意顾客的动向，如有鬼鬼祟祟的人，则走近一点让他知道旁边有人。

（3）顾客经过时，说声"您好"，微笑或以目光示意，以此建立与顾客的联系。

（4）如果有顾客在柜台前徘徊已久，可以上前询问他（她）是否需要帮忙。

（5）注意那些天气暖和却穿着大衣或夹克的人。

（6）注意顾客携带的物品尤其是当这些物品显得"反常"时。

如果发现某人有偷盗行为时，不要让这个人从视线中溜走，尽力记住所藏匿的商品，让另一个员工把所看到的情况告诉店主，继续观察这个偷窃者。收银员接到通知后，在这位顾客结账付款时，可以客气地问一声："还有没有其他什么商品要核算的？"如果他说没有，则马上报告店主。

4. 技术防盗

技术防盗是应用先进的电子技术，对防范目标实施管理控制的一种防范手段。大量事实已证明，对重点目标、重点单位和场所仅采用传统的"人防""物防"手段来进行安全防范工作是很不完善的，必须配合现代化的安全防范技术系统。目前，适合在门店使用的安全防范技术主要有电子商品防盗技术系统、电视监控技术系统和入侵报警技术系统。每个系统都可独立运行，也可互相结合在一起。

（1）营业时间的技术防范。门店在营业时间时的技术防范手段一般是充分利用电子商品防盗技术系统并辅助以电视监控技术系统。与电子商品防盗技术系统相比，电视监控技术系统虽并不直接捉拿窃贼，但它能帮助管理人员直观了解监视门店内发生的情况，发现可疑的事件，并且对有盗窃企图者可起到威慑阻吓的作用。同时电视监控技术系统还可以发现内贼，并能记录事件的发生过程，作为事后追查取证的证据。在营业时间内应重点保证对表4-8所示场所的实时监控录像。

表4-8　营业时间应重点防范的场所

序号	防范场所	具体说明
1	货架监控	门店的最大特点是顾客可以自己选择喜爱的商品，最后到出口处付款，满足了顾客自由选择的需求。利用远程视频监看系统，通过在天花板等地点安装的摄像头可以方便地监看众多的货架，以查看门店内是否有偷窃行为
2	收银台监控	收银台是最容易与顾客发生摩擦的地方，利用远程视频监控系统，通过在收银台安装的摄像头，就可以监控收银台的员工与顾客的交流的情况，看员工是否礼貌待客。这样，就能很好地处理与顾客的纠纷，提高门店的服务水平

（2）非营业时间内技术防范。门店总有下班的时候，此时门店中货物安全的技术防范方案应为入侵报警技术系统和电视监控技术系统。

入侵报警技术系统是在易发生盗窃部位及窃贼进出高频区域安装入侵探测器，根据报警方式（有线报警、无线报警或警灯报警、铃声报警等）及实际情况可以有选择地安装合适的入侵探测器，比较常用的是开关式探测器，主要安装部位是门、窗、换气窗、垃圾通道等；在贵重物品区域应安装空间控制类型的入侵探测器，如多普勒微波探测器、被动红外探测器、双技术探测器等；在主要通道、楼梯、外墙窗户等处可考虑安装红外光栅探测器等。入侵报警技术系统可起到可靠的入侵探测报警作用，一旦窃贼进入警戒区，可立即被发现报警。

开店秘诀

　　不同的安全防范技术系统技术各有其优点和缺点，门店应根据自身的运营方式、建筑物结构因地制宜，合理地组合使用才能收到良好的防盗效果，同时还要注意实行"人防""物防""技防"相结合，形成"三位一体"的防范布局，才能确保门店安全。

5. 安排防损员

对于大型门店，可以在出入口处安排身穿制服的防损员，效果较好；在卖场内部，可以安排穿便衣的防损员进行巡逻。便衣防损员和顾客在一起，顾客一般很难辨别其身份，这样既不会让顾客产生被监视的感觉，同时又保证商品的安全。

另外，门店内盗管理也应该加大力度。有的店铺管理者一想到防盗，就认定防的是消费者，其实店铺的防盗管理应双管齐下，既注意有不良行为的消费者，也要防范员工偷盗的发生。

四、消防安全管理

1. 消防标志

消防标志是指店铺内外设置的有关消防的标志。如"禁止吸烟""危险品""紧急出口""消防设备"等。门店应要求全体员工熟记消防标志。

2. 消防通道

消防通道是指建筑物在设计时留出的供消防、逃生用的通道。门店应要求员工熟悉离自己工作岗位最近的消防通道的位置。消防通道必须保持通畅、干净，不得堆放任何杂物堵塞通道。

3. 紧急出口

紧急出口是店铺发生火灾或意外事故时，需要紧急疏散人员以最快时间离开店铺时使用的出口。

（1）员工要熟悉离自己工作岗位最近的紧急出口位置。

（2）紧急出口必须保持通畅，不得堆放任何商品杂物。

（3）紧急出口不能锁死，只能使用紧急出口的专用门锁关闭，紧急出口仅供紧急情况使用，平时不能使用。

4. 消防设施

消防设施是指用于火灾报警、防火排烟和灭火的所有设备。消防器材是指用于扑救初期火灾的灭火专用轻便器材。店铺主要的消防设施如表4-9所示。

表4-9　店铺主要消防设施

序号	消防设施	具体说明
1	火灾警报器	当发生火灾时，门店的警报系统则发出火警警报
2	烟感／温感系统	通过对温度、烟的浓度进行测试，当指标超过警戒时，则烟感／温感系统会发出警报

续表

序号	消防设施	具体说明
3	喷淋系统	当火警发生时，喷淋系统启动，则屋顶的喷淋头会喷水灭火
4	消火栓	当火警发生时，消火栓的水阀打开，喷水灭火
5	灭火器	当火警发生时，使用灭火器进行灭火
6	防火卷闸门	当火警发生时，放下防火卷闸门，可以隔离火源，阻止烟及有害气体蔓延，缩小火源区域

 开店秘诀

　　在划定的消防器材区域内，不能陈列商品，更不能随意在消防器材上休息或放置物品。保持消防器材区域内的通畅，严禁以任何理由阻挡、遮拦、装饰、侵占、利用、拆除消防设施及消防标识。

　　5. 监控中心

　　监控中心是门店设置的监控系统的电脑控制中心，控制门店消防系统、保安系统、监视系统。监控中心通过图像、对讲系统，能24小时对门店的各个主要位置、区域进行监控，第一时间处理各种紧急事件。

　　6. 紧急照明

　　在火警发生时，店铺内的所有电源关闭，应急灯会自行启动。

　　7. 火警广播

　　当火警发生时，无论是营业期间还是非营业期间，都必须进行火警广播，通知顾客或员工，稳定情绪。

 相关链接

消防设施的日常管理

　　（1）店铺中所有的消防报警设施、消防器材必须建立档案登记，包括消防器材在店铺中的分布图，需留档案备案。

（2）要对店铺所属的消防报警设施、灭火器材进行管理，负责定期检查、试验和维护修理，以确保性能良好。

（3）除每月检查外，在重大节日前，要对场内所有的消火栓、灭火器等器材、装备进行特别检查和试喷，并在器材检查表上进行签字确认。

（4）员工要对本区域内设置的消防器材进行管理和定期维护，发现问题要及时上报。

（5）严禁非专业人员私自挪用消防器材，消防器材因管理不善而发生丢失、损坏，相应员工应承担一定责任或经济损失。

（6）消防器材放置区域不能随意挪动或改作商品促销区域。

（7）禁止无关人员动用消防设备，禁止将消防设备用于其他工作。

（8）消防器材，特别是灭火器，必须按使用说明进行维护，包括对环境和放置的特殊要求。

五、突发事件应急处理

突发事件主要是指如火灾、人身意外、突然停电、抢劫等，突发应急事件的处理是门店的一个重要工作，因为一个安全的购物环境是顾客所必需的。

1.突发事件的类型

突发事件的类型如表4-10所示。

表4-10　突发事件的类型

序号	类别	具体内容
1	火灾	火灾有一般火灾和重大火灾之分
2	恶劣天气	台风、暴雨、高温等天气
3	人身意外	顾客或员工在店铺内发生人身意外
4	突然停电	在没有任何预先通知下的营业时间内突然停电
5	抢劫	匪徒抢劫收银台或顾客的金钱
6	示威或暴力	由于政治性原因引起的游行示威行动
7	骚乱	店铺内或进出口处发生的骚乱
8	爆炸物	店铺内发现可疑物或可疑爆炸物
9	威胁（恐吓）	店铺受到信件、电话等威胁或恐吓

2. 突发事件应急处理方法

（1）火灾报警。火灾报警程序如表4-11所示。

表4-11　报警程序

步骤	具体内容
火警的级别	根据店铺内的实际情况，暂定三种火警级别：一级火警，即有烟无火；二级火警，即有明火初起；三级火警，即火灾从时间和空间上难以控制。 发现火情后，根据现场情况判断火警的级别，并进行相应的处理
火警的报告	（1）店铺中的任何工作人员发现火情，都必须报警 （2）拨打店铺安全部的内部紧急电话或报警电话，如附近无电话、对讲机等通信设备，应迅速到就近的消火栓，按动消火栓里的红色手动报警器向控制中心报警 （3）报警时应说明发生火灾的准确区域和时间，燃烧的物质、火势大小，报警人的姓名、身份以及是否有人员受伤等
火警的确认	（1）店主接到消防报警信号后，立即确认报警区域，迅速赶到现场查看，迅速对火警的级别进行确认
火警的确认	（2）一人留现场进行救火指挥工作，如组织人员使用现场消防器材进行扑救，如能将火扑灭，保留好现场，等候有关部门或负责人的到来 （3）如属误报，应及时做技术处理，通知控制中心将机器复位 （4）如属捣乱谎报火警，应将机器复位，并查找有关人员

（2）灭火程序，具体如下。

①在通知店铺应急处理小组后，立即拨打报警电话"119"。

②小组人员听到消防警报后，应迅速赶到安全部，立即按"突发事件应急处理小组"的编制，确定行动方案，快速行动，各司其职。

③在完成各自的职责后，服从"应急处理小组"的统一指挥和调配，协同配合，进行灭火、疏散、救助工作。

④火灾扑灭后，店主要检讨消防系统的运行情况，迅速查访责任人，查找火灾起因。从技术角度查找火灾起因，对机器、数据、资料进行收集分析，由消防安全调查人员撰写正式报告。并根据财产和人员的伤亡情况计算损失，迅速与保险公司进行联系，商讨有关赔偿事宜。

⑤制订灾后重新开业的工作计划和方案。

（3）台风、暴雨、高温等恶劣天气的处理。店主必须每日关注天气情况，这不仅是为了防范恶劣天气带来的灾害，更是提高顾客服务、关注销售的一种体现，可通过关注气象部门预报的预警信号来防范恶劣天气。

热带风暴通常伴随着台风和暴雨，在接到热带风暴的预报后，需要做的工作如表4-12所示。

表 4-12　热带风暴的应对程序

类别	具体内容
准备工作	（1）将天气预报的告示在员工通道等明显位置贴出 （2）检查户外的广告牌、棚架是否牢固，广告旗帜、气球是否全部收起 （3）检查斜坡附近的水渠是否通畅，有无堵塞 （4）撤销促销活动展位，收起供顾客休息的太阳伞 （5）准备好雨伞袋和防滑垫，在暴雨来临时使用
现场处理	（1）门口分发雨伞袋，铺设防滑垫，入口、出口门关闭一半 （2）保证排水系统良好通畅，下水道不堵塞 （3）密切注意低洼处进水的区域，将商品或物件移走，以防止水灾造成财产损失

（4）人身意外事故发生，具体措施如下。

①当发生意外时，要第一时间报告店主，并办理工伤处理程序中的相关手续。

②如有顾客晕倒、发生突发病等，应立刻组织相关人员进行必要的急救处理，尤其是老年人、残疾人、孕妇及儿童，并迅速拨打急救电话120，请派救护车，由员工送顾客到医院就医。

③如有意外伤害、重大伤害时，店主应陪同顾客立即到医院就医，以便更好地处理事故并进行善后赔偿事宜。

（5）营业时间内突然停电。店内突然停电的处理程序如图4-9所示。

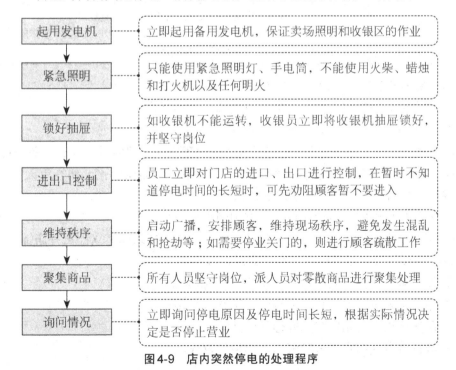

图4-9　店内突然停电的处理程序

开店秘诀

来电后，全店恢复营业，优先整理顾客丢弃的零星商品，并将其归位。及时检查商品品质，将变质商品立即从销售区域撤出，并对损失进行登记、拍照等。

（6）匪徒抢劫收银台。匪徒抢劫收银台的应对措施如表4-13所示。

表4-13　匪徒抢劫收银台应对措施

人员	应对措施
收银员	（1）保持冷静，不要做无谓的抵抗，尽量让匪徒感觉正在按他的要求去做 （2）尽量记住匪徒的容貌、年龄、衣着、口音、身高等特征 （3）尽量拖延给钱的时间，以等待其他人员的救助 （4）在匪徒离开后，第一时间拨打电话"110"报警 （5）立即凭记忆用文字记录好匪徒的特征及当时的细节 （6）保持好现场，待警察到达后，清理现金的损失金额
其他人员	（1）发现收银台被抢劫，在确保自己安全的情况下，第一时间拨打电话"110"报警 （2）对持有武器的匪徒，不要与其发生正面冲突，保持冷静，在确认可以制胜时，等待时机将匪徒擒获，尽量记住匪徒的身材、衣着，车辆的牌号、颜色、车款等 （3）匪徒离开后，立即保护现场，匪徒遗留的物品，不能触摸 （4）匪徒离开后，将无关的人员、顾客疏散离场，将受伤人员立即送医院就医 （5）不允许外界拍照，暂时不接待任何新闻界的采访

（7）暴力及骚乱，应对措施如下。

① 如发现店铺内有人捣乱，店主应立即到现场制止。

② 阻止员工和顾客围观，维持现场秩序。

③ 拨打电话"110"报警，将捣乱人员带离现场，必要时送交公安机关处理。

④ 对捣乱人员造成的损失进行清点，由警察签字后做汇报。如有重大损害要通知保险公司前来鉴定，作为索赔的依据。

⑤ 发现任何顾客在店铺内打架，立即到现场制止。

⑥ 不对顾客的是非进行评论，保持沉着、冷静，要求顾客立即离开店铺。

（8）发现可疑物或可疑爆炸物，应对措施如下。

① 发现可疑物后，立即拨打电话"110"报警。

② 不可接触可疑物，划出警戒线，不许人员接近。

③ 疏散店内人员和顾客，并停止营业。

④ 静待警方处理直至危险解除，再恢复营业。

随着人们生活水平的提高，顾客对消费过程中的附带商品——服务，提出的要求也越来越高。因此，只有加强服务，才能满足顾客的需求，才能赢得顾客的信赖，才能得到顾客的赞赏和市场的认可，从而在这个激烈竞争的市场中立于不败之地。

一、建立优质服务标准

便利店必须向顾客提供优质的服务，以建立店铺方便、快捷、友善、清洁的形象。因此，店主要根据本店实际情况，编制优质服务标准小册子。

1. 方便

建立店铺方便的形象，如：24小时营业；商品种类齐全，自助形式，方便随意选购；商品摆设整齐划一（设有商品陈列图）；有微波炉供顾客使用；24小时代收话费、代收报名费；提供代交话费、上网卡等便民服务。

2. 快捷

店员熟悉店铺的环境和摆设，为顾客提供有效率的服务；店员熟悉各种机器的操作，使顾客不用长时间排队等候；商品摆设规划整齐，使顾客容易寻找商品，省时快捷；货场无杂物，购物畅通无阻；繁忙时间前做足准备工作，为顾客节省时间。

当忙于收取商品、上货、整理货架、清洁、听电话、处理文件、与上司商谈时，遇有顾客光顾、求助或投诉时，必须暂停手上的工作并且立即服务顾客，如果无法解决，就请顾客稍等，立即寻求其他员工的协助。

3. 友善

顾客进店时主动说"欢迎光临"；热情主动地帮助顾客；主动向顾客介绍、推荐各类商品；主动帮助顾客把所购的商品装入袋子；以服务顾客为先。

4. 清洁

任何时候店铺内外都要保持清洁，以保障不滋生害虫和细菌；遵照统一的清洁指示，使用合适的清洁剂及工具；各种机器按要求使用合适的清洁剂及工具进行清洗和消毒；时时保持食品的卫生、清洁和新鲜；商品经常流转及打扫；店员时刻注意个人卫生及仪容整洁。

 **相关链接**

××便利店优质顾客服务用语指南

1.早上，当有顾客进入店铺内，所有员工必须要说："早上好"或"您好"或"欢迎光临"。

2.平常，当有顾客进入店铺内，所有员工必须与顾客有：眼神接触，保持微笑及点头。

3.当员工在货场工作时，如上货、清洁，应怎样招呼顾客呢？员工应说："对不起，请随便看。"或说"对不起，先生/小姐，请问有什么可以帮您呢？"

4.当顾客有需要协助时，员工应主动上前帮助，说："先生/小姐，您好，请问有什么可以帮您呢？"

5.如果顾客拒绝帮忙时，员工应说："请随便看，如有需要的话，可随时找我。"（注意不要站在顾客旁边，使他有被监视的感觉）。

6.在货场工作时，如有杂货阻碍顾客购物，应立即使通道畅通；如对顾客的提问不清楚，应对顾客说："对不起，先生/小姐，我不清楚，请您等一等，我找其他人帮您。"然后尽快找到其他员工协助，不能对顾客不礼貌地说："不知道。"

7.当顾客询问某种商品的位置时，应对顾客说："先生/小姐，请跟我到这边来。"将顾客带到商品架前，说："请随便看。"

8.当顾客需要购买的商品缺货时，说："对不起，您想要的商品暂时缺货，我们下一次到货时间是××，或者，我介绍另外一种同类型的产品给您？"

9.当顾客拒绝你的提议时，你应说："对不起，如果您不急着要这种商品，欢迎您下次再来买。"

10.当顾客购买"美食吧"的商品时，店铺的员工应提醒顾客说："先生/小姐，小心烫手。"

11.当顾客在店内不小心打破商品时，员工应首先关心顾客有否受伤，说："先生/小姐，请问您有没有受伤呢？不要紧，让我来处理这些东西，您继续挑选商品吧！"

12.当在整理商品时，刚好有顾客需要选购此商品时，员工应对顾客说："对不起，请问需要什么东西，我来帮您拿。"或立即让开，说："对不起，请随便挑。"

13. 当接听电话时，说："早上好，××，请问有什么可以帮您？"当对方是找员工时，说："对不起，请稍等。"

14. 假如其他员工没有时间接电话或不在店铺内，应通知对方，说："对不起，××不在（或××暂时不能接听您的电话），请问可不可以留下您的姓名、电话，等他回来时回复您？"

15. 与同事相处，语气要客气，接受别人帮助应说："谢谢。"

二、加强店员服务意识

在市场竞争激烈的社会，便利店除了要严把产品质量关之外，还要有一套完善的服务才能留注顾客。培养员工的服务意识对店主来说是一个非常重要的课题，通过产品和服务来迎合顾客的差异化，是一个门店在市场中立足并长期发展的根本。那么，提高门店员工服务质量和意识的方法又有哪些呢？具体如图4-10所示。

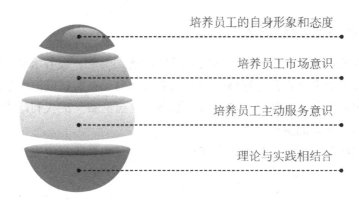

培养员工的自身形象和态度

培养员工市场意识

培养员工主动服务意识

理论与实践相结合

图4-10　提高员工服务质量和意识的方法

1. 培养员工的自身形象和态度

员工的言行举止代表门店形象，员工必须严格遵守门店的规章制度进行规范服务，从而提高服务水平。同时，员工在遭遇突如其来的事件时要学会冷静、忍耐、克制自己的情绪，端正态度，及时采取有效措施，使服务尽善尽美。

此外，员工要养成服务的习惯，门店可定期或不定期地考核服务态度、服务水平，以此作为评估工作好坏的依据。

2. 培养员工市场意识

门店的效益与每一位员工的切身利益息息相关，没有良好的优质服务，也就自然没有了良好的顾客关系，门店的销售和利润会大大减少，最终影响员工的就业机会和薪资待遇。店主要让员工明白"人无远虑，必有近忧"的道理，必须脚踏实地地把市场意识落实到日常工作的点滴服务之中。

3. 培养员工主动服务意识

员工不仅需要具备"我要服务"的意识，还要学会换位思考，要明白服务是光荣的，是神圣的，服务遍及各个行业的各个角落。服务工作中，员工要以愉快的心情主动服务于顾客。

4. 理论与实践相结合

理论方面进行产品知识、服务知识和规章制度及企业文化的讲授及考核。实践方面根据岗位要求、操作流程和合格标准，尽可能开展多样化的活动，比如技能比武，情景模拟等，提升员工兴趣，尽量减少他们的倦怠心理。还可以与薪酬挂钩，可考虑小额的奖励与惩罚。

三、满足顾客消费自主性

现在的顾客在购物或消费时，不仅会根据价格、质量、服务水平、购物环境等方面来评价商家提供的产品与服务，同时也会根据自己在购物或消费过程中是否得到充分的理解和尊重，行使应有的"自主消费、自愿消费"的权利，也就是消费自主性大小来判断获得的满意度多少。

那么便利店应该如何满足顾客消费自主性、提升顾客满意度呢？具体措施如图4-11所示。

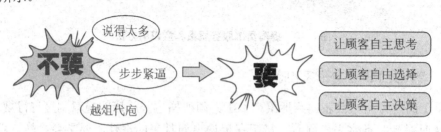

图4-11　满足顾客自主消费性的措施

1. 不要说得太多，要让顾客自主思考

很多店员习惯在顾客浏览商品的过程中不停向其推销产品，可以说到了"喋喋

不休"的地步，丝毫不考虑给顾客自主思考的空间。这对于那些购买目标已经明确或比较在乎自己的想法的顾客来说，几乎是难以忍受的，难怪他们会产生厌烦的心理，甚至迅速"逃离"。所以店员应对自己的"热心服务"有所收敛，做到图4-12所示的几点。

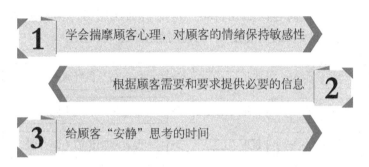

图4-12　让顾客自主思考

2. 不要步步紧逼，要让顾客自由选择

这也是一个常见的景象，当顾客刚迈入店门或走近售货地点的一刻起，直至顾客浏览、选择商品的整个过程，店员就几乎时时伴其左右。这是让很多顾客反感和不满的事。尤其是对于一些本着消遣、放松的目的来购物的顾客来说，能不能自由、"独立"地享受欣赏、选择各式商品是其体验消费自主性、产生满意感的重要来源。

3. 不要越俎代庖，要让顾客自主决策

店员必须始终明确且牢记的一点是，顾客是整个购买过程的主角，店员虽然担负着引导顾客消费的任务，但顾客往往希望最终的购买决定由自己作出。应注意图4-13所示的几点。

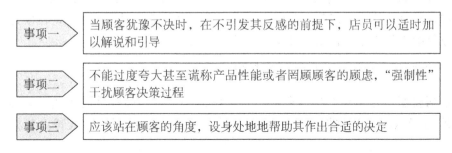

图4-13　让顾客自主决策的注意事项

四、提升顾客满意度

在当前的市场经济形势下，"卖产品就是卖服务"已成为众多零售企业的共识。对于他们来讲，优质服务就是一面"金字招牌"，是赢得顾客、提升效益、增强竞争力的"重要法宝"。同等商品比价格，同等价格比服务，同等服务比满意。那么，门店该如何提升顾客的满意度呢？具体措施如图4-14所示。

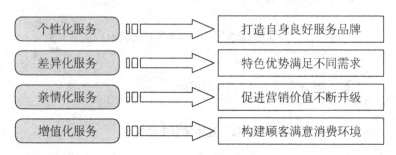

图4-14　提升顾客满意度的措施

1. 个性化服务——打造自身良好服务品牌

个性化服务是一种有针对性的服务方式。其打破了传统的被动服务模式，能够充分利用各种资源优势，主动开展以满足用户个性化需求为目的的全方位服务，其不仅体现了商家以人为本的经营理念，而且能够与顾客之间建立起良好的合作伙伴关系，树立自己的服务品牌，提高顾客的忠诚度，进而达到赢取市场、赢得客户的目的。

2. 差异化服务——特色优势满足不同需求

随着社会的发展进步，社会公众的消费观念和消费方式都发生了巨大变化，他们对商家的服务要求越高，越来越多样化。面对众口难调、形色各异的消费者，零售商家如何赢得每一位消费者的芳心呢？答案很简单，那就是运用"差异化服务"为顾客量身打造符合其口味、爱好、需求，且有别于竞争对手的服务，这既是提升经营效益的有效手段，也是战胜竞争对手一种做法。

3. 亲情化服务——促进营销价值不断升级

亲情化服务是情感营销的范畴，它是以情感来打动顾客进而实现产品销售的一种服务模式。亲情化服务不受时间、地点和服务对象限制，其特点如图4-15所示。

1	既可以在卖场，也可以在卖场以外
2	既可以是营业时间，也可以是非营业时间
3	既可以是门店的新老顾客，也可以是社会上的每个成员和群体

图4-15　亲情化服务的特点

亲情化服务的价值在于能够与顾客建立融洽和谐的合作关系，促进店铺营销服务的升级，增强店铺的核心竞争力。具体措施如图4-16所示。

1	服务人员要尽可能地多了解顾客，熟知他们的消费需求。比如，对于进店的老顾客，要能准确地拿出他所喜爱的品牌
2	要求服务人员在见到顾客时，都要笑脸相迎并给予亲切的问候。当顾客提出需求时，不能以任何借口拒绝，要增进顾客的满足感和归属感
3	针对特殊客户群体设立了"绿色通道"，要求服务人员给予全程服务指导，并提供免费送货上门服务
4	定期开展互动活动。与社区居委会联合开展各种活动，以此来拉近与顾客之间的情感距离，提升门店的亲和力和凝聚力

图4-16　亲情化服务的措施

4.增值化服务——构建顾客满意消费环境

增值化服务也被称之为"特色服务"，是商家在保证基本服务的同时，采取的超出常规的服务措施，是个性化、差异化服务、亲情化服务的拓展和外延。

比如，免费帮助居民代订牛奶、代收报刊快递、代缴水电煤气费用等。为了更好地服务小区居民，还可在店铺门口摆放打气筒、充电宝、雨伞等，供那些路过的居民无偿使用。

增值化服务可以结合营销活动，也可以跳出营销来开展。通过增值化服务，可以带来图4-17所示的好处。

能够为商家带来商品经营以
外的经济效益，增强店铺的
竞争实力和发展潜力

可以提升商家服务品质和
质量

好处

图4-17　通过增值化服务带来的好处

 **相关链接**

日本便利店提供的服务

很多去过日本的人都表示被日本便利店提供的服务所折服，那么，在日本便利店，我们到底能享受到什么样的服务呢？

当你走进便利店时，首先会听到一声亲切的"欢迎光临"，到了那里你绝对会被店员们亲切的笑容治愈。

◆**早晨起床晚了，来不及做早餐**

来便利店吧！这里在早上会有粥、寿司、饭团、包子、豆浆等各式热乎乎的早餐。绝对能安抚你躁动的胃，让你精力充沛一整天。

◆**水电费没有缴**

来便利店吧！这里有贴心周到的代缴水电费等费用的服务，绝对能够第一时间为你排忧解难。

◆**吃完早餐准备前往客户那里，突然发现要用的资料还没有打印**

来便利店吧！这里有最便利的打印服务，别说是打印资料了，就算你想要冲洗照片，店员也可以笑着满足你。

◆**从客户公司回来，口干舌燥**

来便利店吧！这里饮料、果汁、水果、现磨咖啡一应俱全，总有一款能够满足你。

◆**突然想上卫生间**

来便利店吧！这里的卫生间即使你不买东西也可以自由免费地使用，而且绝对干净无异味。

◆**午餐时间，不知吃什么**

来便利店吧！这里有各式便当、关东煮、三明治、蛋糕点心、饭团、炸鸡……随时加热，总有一款是你所爱。吃完再配上杯果汁、咖啡、奶茶，这种幸福感只有"吃货"最能体会。

◆**想看电影还没来得及买票**

来便利店吧！在这里，只要电影还在上映，座位还有空缺，你绝对可以买到自己心心念念的电影票。

◆**脚后跟磨破了皮，疼痛难忍**

来便利店吧！这里有创可贴等很多常用药品，能够第一时间减轻你的痛苦，让你很快恢复到最佳状态。

◆**想要现金，附近又没有银行**

来便利店吧！这里配备有ATM机，能够让你迅速找到有现金在手的安全感。

◆**想了解最新的时尚资讯**

来便利店吧！这里的杂志专区罗列着各种各样的时尚杂志，绝对正版。

随着越来越多的便利店在日本开始营业，为了适应人们与时俱进的生活需求，日本便利店的服务从最初的日常生活用品的售卖，发展到了水电费等的支付、打印、收发快递、送货上门、ATM机等各个方面，可以说是将"便利"这个词发挥到了极致。毫不夸张地说，一个便利店基本上就可以搞定你日常中的所有需求。

五、规范送货服务

不同的便利店对于送货服务、订货时间、送货范围及送货金额有不同的规定。

1. 电话订货服务流程

（1）店员接到顾客电话后，礼貌地询问顾客的姓名、地址、电话及所选购的商品内容，详细记录在顾客订/送货记录簿上。

（2）一分钟后拨打记录下的电话，礼貌询问顾客是否需要提供发票，以此确认顾客的资料的真伪。

（3）接到顾客订货后，应在半小时内（非繁忙时间）找齐顾客所订购的商品，入机出购物小票，且带备找赎钱按所记录的地址送货。

（4）送货时需穿着工衣，带齐顾客所订商品、购物小票、发票（若顾客有需要）、找赎钱以及店铺现时指定的促销及推介商品（如印花积分卡、换购商品、特价商品或新产品等），以便附加推销。

（5）按记录地址送货，与顾客核对商品及金额后，按金额收取现金，并向顾客推介指定商品后，礼貌谢谢顾客的惠顾，欢迎对方再次订购。

（6）店员回店后将收回的现金及找赎钱以及并未售出的商品交店铺负责人，将现金及找赎钱交还收银机。

2. 注意事项

（1）商品入机出购物小票及收回现金的过程最好由负责人亲自操作。

（2）订货金额在500元以上的，要判断可信度决定是否送货，如送必须派两位员工一同前往，如有贵价条烟和洋酒必须盖上店铺印章才送货。

（3）店员送货时需严格执行有关规定，不能向顾客索取或接受小费。

（4）店铺送货时如遇到大楼保安拒入，应礼貌向其解释，并说出订货顾客的地址、姓名。

（5）送货人员每次外出送货时，须在"送货人员登记表"上记下外出时间及回店时间。

（6）送货人员离开店铺后必须在最短时间内到达送货地点，同样，送货后必须马上回到店铺，如送货超过30分钟仍未回店，必须致电回店说明原因。

（7）店内员工如30分钟内未见送货员工回铺，必须主动拨打订货顾客电话，查询是否已收到送货，并了解送货员工离开时间，如发现问题应即时报警。

（8）送货员工所携带的推广产品，应礼貌及有技巧地向顾客推介。

3. 不予送货的情形

店主可规定，在特殊情况下员工应委婉致歉顾客不予送货（或者推迟送货）。

（1）营业高峰期间，门店可以与顾客沟通推迟送货，但应承诺送货时间。

（2）时间太早（00:00～7:00期间可视送货路程及送货金额而定是否送货）。

（3）狂风暴雨等恶劣天气。

（4）路程超过公司要求范围等。

六、积极处理顾客投诉

顾客的抱怨通常可以归为两类，一是针对商品本身，二是不满服务品质。不管是哪一种，最忌讳推脱掩饰，其中转嫁责任是最低劣的做法。作为店长，要在第一时间处理顾客投诉，以免造成不好的影响，从而影响门店的形象。

1. 确定顾客抱怨的问题

（1）当顾客抱怨时，其情绪一般比较激动，店长要认真耐心倾听顾客的不满，不要做任何解释。要让顾客将抱怨完全发泄出来，等其心情平静后，再询问一些细节，确定问题所在。

（2）对于顾客反映的问题觉得还不是很清楚时，要请顾客进一步说明，但言辞要委婉。

比如：

"我还有一点不十分明白，能否麻烦您再解释一下？"

"为了解清楚您反映的问题，我有两点想请教一下，不知可否……"

店主要注意尽量不要让顾客产生被人质问的感觉。要仔细地听顾客说话，并表示自己也有同感，这样才能帮助顾客找到问题的关键。

开店秘诀

"但是""请您稍等一下"这类打断对方话语的言辞，尽量不要使用。可能给顾客留下"受人责难"或"被人瞧不起"的印象的话语，也是不能说的。

（3）听了顾客的抱怨之后，店长要站在顾客的立场来回答问题。即让顾客感觉店长非常重视自己，他的问题对店铺来说很重要，店长将全力以赴来解决问题。

2. 把握顾客心理

化解顾客的抱怨需要了解造成顾客不满的真正原因，然后有针对性地采取解决的办法。当然，了解原因并不是一件简单的事。店主除了要掌握倾听的技巧外，还要从顾客的反应中把握顾客的心理。

所谓顾客的反应，就是当店主与顾客交谈时，顾客的表情变化或者态度、说话方式的变化，具体如图4-18所示。

1	如果顾客的眼神凌厉、眉头紧锁、额头出汗、嘴唇颤抖、脸部肌肉僵硬，则说明顾客在陈述时情绪已变得很激动
2	如果顾客会不由自主地提高音量、加快说话速度，甚至反复重复他们的话，则说明顾客处在精神极度兴奋之中
3	如果顾客的身体不自觉地晃动，两手紧紧抓住衣角或其他物品，则表明顾客心中不安及精神紧张

图4-18　顾客的常见反应

3.把握顾客的真实意图

店主只有切实了解顾客的真实意图，才能对症下药，很好地解决问题。不过，顾客在反映问题时，常常不愿或不能明确地表达自己心中的真实想法。这种表现有时是因为顾客顾及面子，有时则因其情绪过于激动。

因此，店主在处理顾客投诉时，要善于抓住顾客的"弦外之音""言外之意"，掌握顾客的真实意图的方法，具体如图4-19所示。

顾客反复重复的话	顾客的建议和反问
顾客出于某种原因或许会试图掩饰自己的真实想法，但却常常会在谈话中不自觉地表露出来，常表现为反复重复某些话语。顾客的真实想法有时并非其反复重复话语的表面含义，而是其相关甚至相反的含义	留意顾客讲话时的一些细节，有助于把握顾客的真实想法。顾客的意愿常会在其建议和反问的语句中不自觉地表现出来

图4-19 掌握顾客的真实意图的方法

4.妥善使用道歉话语

店主在化解顾客的抱怨时，要冷静地聆听顾客的委屈，把握其不满的真正原因，然后诚恳地使用"非常抱歉"等道歉性话语平息顾客的不满情绪，引导顾客平静地把他们的不满表达出来。

开店秘诀

店长在表达歉意时态度要真诚，而且这种真诚必须是建立在凝神倾听的基础上。如果道歉的内容与顾客反映的问题根本就不是一回事，那么不但无助于平息顾客的愤怒情绪，反而会使顾客认为店长在敷衍自己而变得更加不满。

5.记录顾客陈述的基本信息

店主化解顾客的抱怨，其要点是弄清事情的来龙去脉，并仔细地记录顾客陈述的基本情况，以便找出责任人或总结经验教训。其中，记录、归纳顾客陈述的基本信息是一项基本的工作。因为店主通常是借助这些信息来思考、确定处理方法的。如果这些信息不够真实和详细，可能会给店主的判断带来困难，甚至造成误导。店主在记录关于顾客抱怨的信息时，记录要点具体如图4-20所示。

- 发生了什么事件
- 事件是何时发生的
- 有关的商品是什么，价格是多少
- 当时的营业员是谁
- 顾客真正不满的原因是什么

- 顾客希望以何种方式解决
- 顾客是否通情达理
- 顾客是否为店铺的老主顾

图4-20　顾客抱怨信息记录要点

店长在记录完内容后，不要忘记留下顾客的联系方式。

6. 及时解决顾客抱怨的问题

如果顾客的抱怨不能及时化解，对店铺的形象会造成一定的影响。相反，如果店主能够及时、妥善地解决顾客反映的问题，不仅能挽回店铺在顾客中的声誉，还能发现和弥补经营中的一些漏洞，使店铺的经营管理更加规范。

（1）如果顾客产生抱怨是因为误会，店主要给予适当的说明，消除顾客的误会。

（2）如果是商品质量有问题，要与顾客协商，及时办理退货、换货等手续。

（3）如果是服务质量的问题，要及时对有关责任人进行处理，及时向顾客赔礼道歉并完善员工管理制度。当然，对于有的特殊顾客，店主应采取针对性的处理措施。

 **相关链接**

××便利店顾客投诉处理指南

1. 遇到顾客抱怨

遇到顾客抱怨时（如太贵，买不到货，服务差等），工作人员应将顾客引至一旁，并仔细聆听，抄在顾客意见本上，如严重时，请店长解决。

标准用语："您提的问题我明白了，我会向店长汇报，您直接告诉店长也可以。"

2. 遇到缺货时

（1）试着推荐代替品。顾客接受时，工作人员应明确说明缺货品与代替品之间的差异，以免售后发生纠纷；顾客不接受时，征询对方是否等下次进货时再买，但应明确告诉对方下次到货时间。

（2）没有顾客想要的商品时，要清清楚楚告诉顾客"对不起，这里目前没有卖，我们会反映回公司考虑进货"，而不该以"目前正好缺货"来欺骗顾客。

3.顾客要求退货或换货时

工作人员应查明原因，若所销售的商品有污迹或毁损或包错商品时，该让顾客退货或换货。即使是顾客本身的因素要求退换货，只要商品没有使用过并可以再出售，最好尽量满足其要求，以提高顾客的依赖度，促使其下次再度光临。

如果商品已有使用过的迹象、购买日期已有一段时间、标示概不退换的特价商品，顾客坚持退款，又拿不出购物小票的情况，工作人员可保持笑容并婉转地拒绝。

4.顾客抱怨时

工作人员应仔细倾听抱怨内容，先抓住顾客抱怨的要点。全部听完后，平静地说明事件的要点，再诚心道歉。双方沟通后，再说出处理方式，如"我想这么做好不好，不知道您认为呢？"，以询问顾客意见。

顾客无法谅解时，可以请上司出面处理；或者引导对方进入别的房间，争取时间让对方冷静，然后由责任者出面道歉；或者请对方先回去，再由责任者或上司登门道歉。

5.处理顾客投诉的用语

"对不起，给您添麻烦了！"

"对不起，按照政府有关规定，已出售的食品、药品、化妆品、贴身内衣裤如果不属质量问题是不能退换的。"

"我非常理解您的心情，我立刻通知店长来接待您。"

6.顾客满意才是目的

顾客使用后感到满意才是销售的完成，因此，员工必须努力为顾客提供一次性到位的完善服务。任何的退换货情况，既会浪费顾客的时间，也有损公司的信誉，尤其小孩买东西的时候要问清楚商品细节，避免引起投诉或退货。

第五章

店铺业务拓展

业务拓展的目的不仅是拉动销售量，更重要的是让门店得到曝光，从而进一步扩大门店的影响力，实现门店的持久发展。

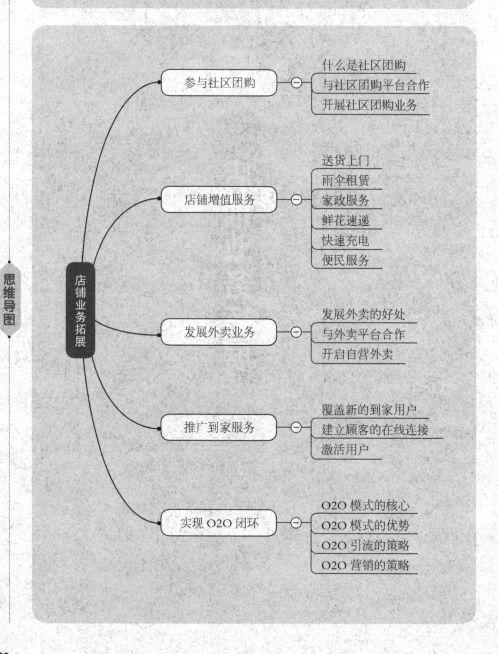

店铺业务拓展

- 参与社区团购
  - 什么是社区团购
  - 与社区团购平台合作
  - 开展社区团购业务

- 店铺增值服务
  - 送货上门
  - 雨伞租赁
  - 家政服务
  - 鲜花速递
  - 快速充电
  - 便民服务

- 发展外卖业务
  - 发展外卖的好处
  - 与外卖平台合作
  - 开启自营外卖

- 推广到家服务
  - 覆盖新的到家用户
  - 建立顾客的在线连接
  - 激活用户

- 实现 O2O 闭环
  - O2O 模式的核心
  - O2O 模式的优势
  - O2O 引流的策略
  - O2O 营销的策略

一、什么是社区团购

社区团购是真实居住在社区内的居民团体的一种互联网线上线下购物消费行为，是依托真实社区的一种区域化、小众化、本地化、网络化的团购形式。简而言之，它是依托社区和团长社交关系实现商品流通的新零售模式。其商业模式为：以社区为单位，由团长在线上借助微信群、小程序等组织社区居民拼团，线下完成交付。当日线上下单，次日社区内自提。由平台提供采购、物流仓储及售后支持。

现阶段的社区团购以社区住户或周边实体便利店管理者为分发节点，利用微信群聊、小程序、移动端APP等进行拼团预售，统一收集整合用户订单后，将商品发往约定的自提点处。其中运行的关键，在于通过在供需双方之间起桥梁作用的中间方——团长，实现人脉传递。

二、与社区团购平台合作

对于"麻雀虽小，五脏俱全"的便利店来说，开展社区团购业务，更是连接了新零售的大门，可为小巧的便利店，带来更多的客流量。

便利店如果接入社区团购业务，就只需要将门店转为自提点，将店主转为团长，即可顺利开展业务。当然，也需要专业的社区团购工具加以辅助。

以微信为载体整合多个社区、社群资源，形成由商家集中化管理运营的"预售+团购"的社区商业模式，便利店可以充当最前端的提货点。在这样的机制下，社区团购与便利店可以很好地融合，相互促进。

以兴盛优选为例，其就是以便利店为原型，通过微信群、APP等方式进行社群裂变，将社区团购概念融入便利店当中，成为社区团购领域的龙头企业。

三、开展社区团购业务

1. 开展社区团购的优势

便利店是离社区消费者最近的零售业态，于社区团购的推广而言有着天然的优势。具体来说，便利店开展社区团购具有图5-1所示的优势。

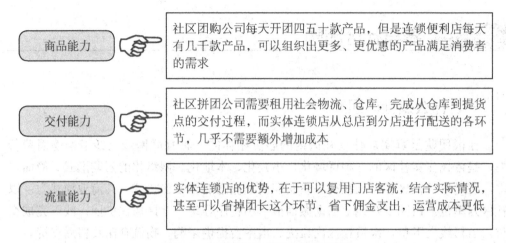

商品能力 ☞ 社区团购公司每天开团四五十款产品，但是连锁便利店每天有几千款产品，可以组织出更多、更优惠的产品满足消费者的需求

交付能力 ☞ 社区拼团公司需要租用社会物流、仓库，完成从仓库到提货点的交付过程，而实体连锁店从总店到分店进行配送的各环节，几乎不需要额外增加成本

流量能力 ☞ 实体连锁店的优势，在于可以复用门店客流，结合实际情况，甚至可以省掉团长这个环节，省下佣金支出，运营成本更低

图5-1　便利店开展社区团购的优势

2. 开展社区团购的要点

基于上述优势，便利店做社区团购，存在的不是能力问题，而是管理问题；没有外部问题，只有内部问题。而从现有的运营案例与行业发展来看，便利店在运营社区团购业务时，需要注意以下几点。

（1）计划性定位。在商品组织层面，最好参照当地大卖场，采购计划用品。社区团购的交付环节并不是当天完成的，这就决定了消费者在社区团购平台上会买的，往往不是200毫升、500毫升的即时性消费产品，而是1升、5升的大包装、储存性计划消费品。

一般而言，商超是销售计划用品的，便利店是销售即时消费品的。因此，连锁便利店在决定哪些商品要放到社区团购小程序上来卖时，一定要区分计划品用和即时消费品，按照综合商超的方向来组织。

（2）将自家门店当作提货点，不轻易拓展社会提货点。在门店内部一定要留出专门的空间作为提货点，设立提货专区。交付过程中产生的订单要与门店每个人都有关系，因此可以由店长对产生的利益进行二次分配，也可以列入门店的业绩考核。

（3）在小程序的引流方面，要落实门店客流的线上化。在有门店的小区，优先将建群引流与微信群运营的工作交给店长、员工，设置一个二维码，把到店消费者拉到群里，发送小程序商城链接。在没有门店的空白区域，再考虑聘用社会团长，并且将社区团购业务作为前哨，观察该小区消费者的消费能力和需求，这些信息可以作为新店选址的参考。

美宜佳用小程序玩转社区团购

事实上，便利店的面积有限，上架货品的种类受到约束。目前美宜佳门店的SKU（库存量单位）在2000左右，如果直接增加品类，成本必然会随之增加。但不增加，就势必会流失一些顾客。

为此，美宜佳推出了自己的社区团购服务——"美宜佳选"小程序，通过"曲线"的方式增加了门店的SKU。

事实上，目前的社区团购，大多没有实体店，一方面成本比较高，另一方面服务也很难保证。而美宜佳有高密度覆盖的门店，有完善成熟的供应链、仓储与物流系统。所以无论从成本的控制上，还是服务体验上，美宜佳都有着天然的优势。

在商品的品类上，"美宜佳选"也有着不一样的思路，只选择线下门店没有的商品，用差异化让小程序更"独家"。比如，生鲜、鲜花等。

用户只需要在小程序上点单，后台接到信息，会完成理货等供应链流程。无需提前备货，大大降低了运营成本。

同时，美宜佳也鼓励顾客到线下自提，这也间接带动了线下门店的整体销售，做得较好的门店能够额外增加180人次的到店数，而在优惠券的协助下，转化率达到了20%。另一方面，两者的联动也极大地增强了门店与顾客之间的黏性，以及门店的社区竞争力。

便利店作为与生活最为贴近的零售业态，不仅在店型上要多元化，在服务上也要够全面，才能实现与社区服务的深度融合。现在，美宜佳还基于门店与第三方合作的形式，推出了收发快递服务。除此，美宜佳之后也会陆续推出洗衣、票务、售卖机、类金融等更多便民生活业务，为顾客提供更好的体验和服务。

第二节 店铺增值服务

我国的便利店尽管还不太成熟，但在服务意识上并不落后。要想抓住消费者，就要全面地提高顾客的消费体验，而为顾客提供更多的增值服务体验就成了必要的手段。

一、送货上门

便利店可承诺顾客，在本店购物满多少钱就提供送货上门的服务，顾客可通过电话、小程序或微信联系门店，然后送货上门。这样不仅可以提高便利店的营业额，还可以留住消费者。

二、雨伞租赁

由于近几年气候多变，而很多人出行容易忘带雨伞，便利店可做好雨伞租赁。为了扩大门店的宣传效果，可以在雨伞上印上便利店的logo（标志）和广告语，以达到宣传的作用。

三、家政服务

便利店可与当地家政公司合作，开展此项业务，主要有搬家、家具清洁、保姆、小时工等服务。消费者只需要通过微信小程序、APP或是来便利店告知一声，就能第一时刻满足需求。

四、鲜花速递

便利店可与当地的鲜花店合作，消费者将花的种类、地点、时间告知便利店，到时就能领取，获得快捷的便利服务。

比如，2018年2月，重庆罗森便利店有限公司联合花点时间鲜花预约平台，打造的重庆首家鲜花快闪便利店"鲜花小站"亮相江北区观音桥。

这是罗森首次与鲜花预约平台合作，为2018年情人节量身定制的专属活动。顾客可直接在罗森便利店购买鲜花，店铺门口还有天使翅膀和鲜花搭配的天使主题网红墙，供市民打卡拍照。

该鲜花快闪店呈现时间只有6天，即2月9日～2月14日，活动期间，店铺设有插花体验课，现场有专业花艺师指导，市民可免费参与。

罗森与花点时间的跨界联合，看中的都是流量的借力与转化。便利店做快闪店，往往是基于品牌/新业务宣传、给顾客新鲜感和体验等诉求，而依靠互联网流量的品牌则希望从便利店这种线下门店获取新的流量。

五、快速充电

1.建设充电桩

随着电动车不断增加，便利店可建设充电桩，让消费者在店内就餐、购物时为车充电，在提供更便捷的消费体验的同时，能为便利店带来更大的客流。

2.共享充电

便利店可与共享充电品牌商合作，让共享充电服务随时随处可用，为到店用户创造更美好的用户体验。

比如，共享充电品牌小电与知名连锁便利店快客达成战略合作，小电设备独家进驻北京、上海等一线城市500余家门店，为用户提供便捷的共享充电服务，实现全城"通借通还"，深化在便利店零售场景的市场布局，如图5-2所示。

图5-2　便利店里的充电柜

为方便更多用户，共享充电设备最好安装在便利店门口，既能方便店内消费者，也有助于解决来往行人的临时租借需求。

六、便民服务

便民服务项目，对于便利店来讲，最大的好处就是提升来客数，增加顾客进店频率，提升顾客黏性。可以在便利店上线的服务项目很多，如图5-3所示的是美宜佳的便民服务项目。

图5-3　美宜佳的便民服务项目

第三节　发展外卖业务

推出外卖服务，一个很重要的动因就是在竞争激烈的零售环境下挖掘线上增量市场，导入即时消费的流动客，作为门店销售的补充。

一、发展外卖的好处

近年内，便利店牵手外卖平台，已成新常态。外卖行业整体处于发展上升期，截至2020年底，全国外卖总体订单量达到了171.2亿单，交易规模达到8352亿元，占据了百货零售业和餐饮业的巨大份额，并且消费群体以年轻一代为主，在便利性和及时性上的消费需求和便利店行业消费群体的消费需求高度重合，因此，在外卖平台上，超市、便利店、药店等业态有巨大的市场需求量。

对于便利店来说，发展外卖业务一方面可以扩大门店的服务范围，另一方面能满足近距离消费者在特定场景下的碎片化需求。同时还能通过外卖提供更多服务，并发展社群关系，增进与消费者之间的互动。

二、与外卖平台合作

目前市场上接入外卖服务的便利店不少，多数是通过与美团、饿了么、京东到家等平台合作去实现，其运作方式与餐饮商家一样。

1.入驻外卖平台

（1）外卖平台开店流程。在某外卖平台上的开店流程大体如图5-4所示。

图5-4　入驻某外卖平台的流程

（2）开店要求。在外卖平台上的开店要求如图5-5所示。

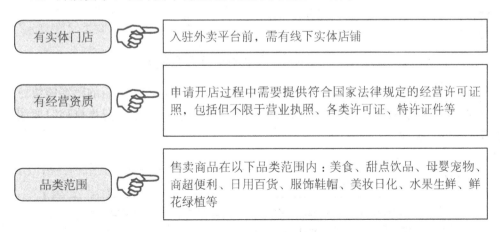

图5-5　在外卖平台开店的要求

2. 店铺设置

（1）店铺取名。顾客想要购买东西的时候，都会根据自己想要的东西在搜索框内直接搜索相关的关键词，比如平常我们自己点外卖的时候，想吃什么搜什么，这也是为什么大量外卖商家都会在名称设定上规范好自己的经营范围，以提升顾客搜索曝光量，还会附带上店铺所在地名吸引周边顾客。便利店命名也应如此，具体如图5-6所示。

图5-6　美团外卖平台上便利店商家截图

（2）商品分类。便利店售卖的商品种类多、数量多，要想进店的顾客能快速从大量的商品中找到自己想要的东西，分类就显得很重要。商家在分类排列时要注意图5-7所示的事项。

1　一级分类尽量不超过 35 个

2　二级分类尽量不超过三个

| **4** | 一级分类的排列顺序要根据店铺下单的热卖品类进行排序 |

图5-7　商品分类的注意事项

（3）设定营业时间。营业时间可以根据店内的营业时间来定，但如果是24小时的便利店或者是开在人流量大的区域内的店铺可以把营业时间延长一些。有数据显示，在晚间12点后的便利店外卖订单量比其他时段的订单量高一些，就是因为深夜很多人不愿意跑下楼买东西但又很急需，外卖此时就派上了很大的用场。

3. 商品管理

（1）商品命名。在后台上传商品的详细数据时一定要给商品一个正确的命名。品牌名、产品名、口味、克数、计量单位这些都要有；除此之外，后台所需要上传的商品售价、商品条码等数据一定要准确核对。我们不仅要让顾客快速找到想要的商品，还要很好地利用关键词获取搜索的流量，更重要的是让顾客买对商品，避免出现交易纠纷等情况。

（2）商品图片。线下销售靠陈列，线上销售靠图片。商品图一定要选择高质量图片，背景尽量选择白底，或者是采用产品宣传图。可以在网上找对应的产品图片，也可以自己拍照后再用相关的图片处理软件进行美化，还可以在网上买一块白色的背景布把产品放在上面挨个地拍产品图片。

（3）网红商品。网红商品主要就是给店铺引流，易引起顾客尝新尝鲜的心理促进冲动消费，使本店和普通便利店形成产品差异化，能做到顾客留存，还利于提升店铺的形象。

（4）季节商品。雪糕、冰饮、暖身贴、热水袋、热水器等都属于季节商品的范畴，在季节更换后这类商品的需求也会随着变化。我们要在需求变化来临之前提前做好商品备货上架等前期准备，还可以在一级分类上根据季节性需求去主推应季商品，调整上下展现位置，有效增加产品曝光，提升销售量。

（5）时段商品。外卖的高峰期时段可大致分为：早餐、午餐、晚餐和夜宵时间。而这四个时间节点的点单需求又是截然不同的，如早餐对包子、面包、牛奶的需求量大，夜宵对啤酒、方便面、零食的需求量大。要想更大地提升进店顾客的客单价和下单率，商家还可以在不同时段对不同种类商品的分类展示进行调整改变。

外卖平台上某便利店商品展示界面截图如图5-8所示。

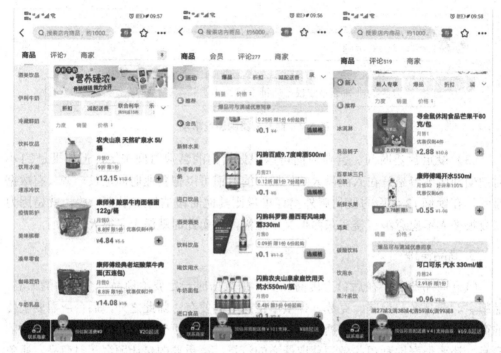

图5-8 外卖平台上某便利店商品展示界面截图

4. 配送管理

（1）配送距离。如果店铺里各种设置都完善了，可订单量还是上不去，很有可能是配送距离出了问题。配送范围太小，客流量不够；配送范围太大，配送费太贵、配送时长太久，下单的人也不会多。对此，商家可以先查看后台订单量较多的地区是哪里，然后把配送范围往该方向倾斜；也可以查看地图软件上的热力图，如果配送范围内都属冷区，就可以适当地扩大范围尽量把热区包含在可配送范围内。

（2）配送费活动。要知道，在外卖消费中，顾客对"配送费"的敏感程度是很高的。如果同样有两家便利店，一个配送费2块，一个免配送费，里面售卖的东西都差不多，顾客当然会选择免配送费那家。对此，商家在后台可以去积极参与平台配送费的折扣活动，也可以直接设置免配送费，这取决于相同距离下竞争对手设置的配送费是多少，可以一样，但是千万不能比对方贵，否则你的店铺可能就没有订单了。

5. 促销活动

（1）店铺活动。大额满减、门店新客立减、返商家代金券、下单立减配送费、商品折扣等都属于店铺活动范畴，可以在后台进行设置。这些店铺活动只要设定了，就会展现在店铺的首页，会给顾客一种活动力度大、很实惠、很热卖的感觉，也更有利于店铺的曝光。但在设定活动时要注意设定规则，避免出现多重活动叠加导致超低价的情况，从而使店铺利益受损。外卖平台上某便利店促销活动界面截图如图5-9所示。

图5-9　外卖平台上某便利店促销活动界面截图

（2）流量活动。流量活动主要分为品牌方活动和平台方活动。品牌方活动指的是品牌方出钱和外卖平台合力举办的活动，只要店铺里有品牌方的商品，平台系统就会自动抓取有售卖的商家给予流量支持。商家在便利店栏目要经常关注轮播页面的活动，有相关品类的也需要提前上架获取流量曝光。平台方活动是指外卖平台举办的促销活动，可以在商家中心的营销活动后台去报名申请，获取曝光资源，提升单量。

6.服务和维护

（1）细节服务。现在许多餐饮外卖都包装得非常精美，纸皮袋、保温袋、独立餐具等，看起来十分高档。但便利店本身毛利不高，要是在包装上花费这么大的成本肯定是不现实的。对此，商家可以从包装细节上来提高服务品质，比如在购物袋内放置贴心便利贴，或者在拣货装袋时把商品干净整齐地放好，这些小细节都可以提升顾客的消费体验。

（2）处理评价。便利店的消费评价一般都是正向的，很少会出现差评，对顾客好评要予以感谢，如果发生了发错货、少件、过期商品等情况给顾客带来了不好的购物体验也需要及时处理相关评价，表达歉意，给进店顾客一种处理及时、回复及时、态度良好的形象。如图5-10所示。

评分 ★★★★★

热水袋非常的贴心，老板直接帮我加热了，我马上就可以用，雪媚娘是豆沙味的，吃起来很软糯，很好吃，以后还会继续回购。这家服务非常好！

👍 双插手电热水袋 1个   蛋黄酥 雪媚娘

商家回复(1天后)：谢谢你，祝你快乐每一天！

图5-10　外卖平台上便利店顾客评论界面截图

三、开启自营外卖

对于便利店来说，入驻外卖平台能使商家更省心，而且外卖平台拥有不俗的用户数量和活跃度，能够为便利店带来更多的客户。但是，入驻外卖平台后，一方面，高额的合作佣金以及不菲的每笔订单抽成都会增加便利店企业的成本支出，而同行业的其他品牌入驻也会加大竞争压力，导致获利困难，这对于本就是重资产、获利不易的便利店来说更加是雪上加霜。另一方面，由于是入驻的形式，用户全部来自该平台，便利店作为第三方难以抓取其数据，同时，由于平台店铺众多，用户流动性也大，很难保障用户对本品牌和门店的黏性，这对于便利店未来的互联网化发展非常不利。

因此，除了入驻外卖平台外，便利店也可以开启自营外卖模式，依靠自有门店，建立专属配送团队。

不过，便利店开启自营外卖，在软件开发维护、人力成本以及管理培训等多方面也会有高额成本支出和大团队合作需求。

另外，由于便利店的商品相对较少，它的商品结构只能满足一些急需的、便利性的需求，很难满足家庭日常的消费需求，从包装规格、SKU丰富度、定价逻辑等各方面考虑，它的线上笔单价（指每笔订单的平均交易额）都不会太高。而外卖配送的履单成本又是相对固定的，即每次送货的成本是固定的，如果笔单价上不去的话，也难以实现整体盈亏平衡。

便利蜂试水自营外卖

比如，2018年10月，便利蜂试水为门店三公里范围内的线上订单提供30分钟配送服务，而在便利蜂的门店密集区域基本可形成配送服务的全覆盖。

消费者可在便利蜂的小程序和APP上下单，每单收取4元配送费。可配送的商品基本覆盖门店内销售的"包子蜂煮"、热食便当、现磨咖啡、休闲零食、日用百货等全部品类。除此之外，部分区域还可配送蔬菜水果、肉蛋水产等更多品类的商品。

作为一家互联网思维驱动的便利店，便利蜂的初衷就是通过创造新的消费场景和消费需求，实现线上线下一体化发展。而用户群体、用户消费特点等数据尤为重要，便利蜂通过自主研发的APP可以实现在线订餐用户完全自有化，不但能够提升用户黏性，也有利于抓取不同区域用户的消费特点，帮助不同的店铺实现精准营销，从而大大增强品牌的区域竞争力。因此，即便付出高昂成本的代价，便利蜂也必须开展自营外卖。

便利蜂APP外卖界面截图

第四节　推广到家服务

当前许多零售商都在尝试到家模式，到家模式可以帮助商家抓取用户，同时也可建立商家与用户之间的联系，以达到有效激活用户的目的。

一、覆盖新的到家用户

目前来看，有到家需求的用户与到店购买的用户在逐步迭代成两类人。到家需求还是以年轻人为主体，但是在逐步向中老年群体延伸。

有人指出："懒"人群指的是虽不出门，但用"手机"指挥千万商家上门为他服务的人群，主要为外送服务和上门服务。并且"懒"人群整体用户规模呈增长趋势。

××便利店对接京东到家后，发现通过到家模式新抓取的用户会员与原来到店会员重合率只有3%，也就是到家与原来的到店用户基本为两类人。

未来会有以下三大趋势。

（1）需求到家的消费群体会越来越多。

（2）同一消费者会同时需求到店、到家购买需求。

（3）消费者会针对不同的需求场景、不同的商品品类选择不同的到店或到家购买方式。比如，对一些比较笨重的商品，越来越多的人会选择到家模式。

所以，面对这样的变化，便利店商家必须要做到家服务。如果不做到家服务，那些特别倚重到家需求的消费者就会离你而去，那些有到家服务消费者才会购买的商品品类也会从你的门店中消失。

二、建立顾客的在线连接

与顾客建立在线连接，这是当前零售商家更需要特别重视的。当前的移动互联网环境下，消费者的生活已经在逐步变成一种在线化的方式。在这种在线化的社会环境下，零售商家必须要实现与顾客的在线连接。在线连接顾客是零售商家必须要做出的重要动作。

在线连接顾客可以有很多方式，但是通过到家模式实现与顾客的在线连接是最主要的方式之一。通过到家连接顾客，有效影响目标顾客，有效满足目标顾客的到家需求，并且可以借助这种在线化的连接方式，产生非常重要的营销价值。

比如，某天××便利店里面还有20箱保质期只剩一周的牛奶库存。当天店铺迅速启动营销，以从来不曾有过的"买一送一"的优惠价格进行打折折销售，尽管如此，从下午1点到6点，便利店里只是卖掉了十几瓶。如果是传统零售，就会"守株待兔"没有办法了。但是××便利店在6点之后，从众多会员中提取出买过此品牌牛奶的客户，统一推送了打折促销的信息，结果3分钟之内，20箱牛奶被抢售一空。

三、激活用户

当前零售商家的经营理念必须要从通过商品去影响顾客转换到经营顾客。如何有效激活顾客，如何提升顾客的活跃度必须成为当前营销的重心。这是当前零售营销理念需要作出的重大调整。

目前，靠商品、靠传统的促销手段激活顾客越来越困难，需要转换在线化的方式。而通过到家服务，建立顾客连接，用线上方式激活顾客是当前最有效的方式。

第五节　实现O2O闭环

O2O模式通俗地讲就是"互联网＋线下门店"，将互联网与线下的门店结合起来，让互联网成为线下门店商品和服务的营销前台和服务窗口。这种线上线下一体化的模式既可以很好地方便广大消费者，又可以给他们提供场所购买商品。

一、O2O模式的核心

O2O即Online to Offline（在线离线/线上到线下），其概念源于美国，是指将线下的商务机会与互联网结合，让互联网成为线下交易的平台。O2O模式的核心很简单，就是把线上的消费者带到现实的商店中去——在线支付购买线下的商品和服务，再到线下去享受服务。具体如图5-11所示。

图5-11　O2O模式的核心

2013年O2O开始进入高速发展阶段，开始了本地化及移动设备的整合和完善，于是O2O商业模式应运而生，成为O2O模式的本地化分支。

二、O2O模式的优势

O2O的优势在于能够完美地打通线上线下，实现线上线下多场景互动，加上O2O成熟的操作运营模式丰富了具体的应用场景模式，让消费者在享受线上优惠价格的同时，又可享受线下贴心的服务。同时，O2O模式还可实现不同商家的联盟。具体来说，O2O模式具有图5-12所示的优势。

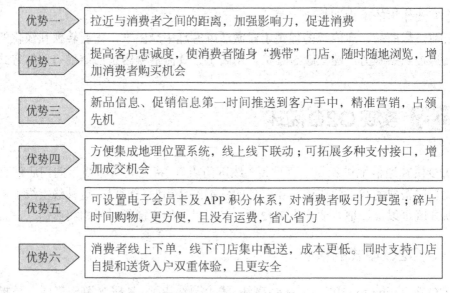

优势一	拉近与消费者之间的距离，加强影响力，促进消费
优势二	提高客户忠诚度，使消费者随身"携带"门店，随时随地浏览，增加消费者购买机会
优势三	新品信息、促销信息第一时间推送到客户手中，精准营销，占领先机
优势四	方便集成地理位置系统，线上线下联动；可拓展多种支付接口，增加成交机会
优势五	可设置电子会员卡及APP积分体系，对消费者吸引力更强；碎片时间购物，更方便，且没有运费，省心省力
优势六	消费者线上下单，线下门店集中配送，成本更低。同时支持门店自提和送货入户双重体验，且更安全

图5-12　O2O模式的优势

三、O2O引流的策略

社区便利店可采取以下两种引流策略。

1. 由线下发起的O2O引流

由线下发起的O2O引流，首要任务是将客户引至线上的官方网站/网店、移动APP/移动网店或各类社交网站上的官方账号。由线下引流至线上，主要的手段通常有图5-13所示的几种。

手段一	线下广告刺激，其中可以同时提供网址或对应的二维码，供客户输入或拍照

手段二	线下口碑传播，驱动潜在客户自己上网通过搜索等方式找到相应的线上网店
手段三	线下提供可以在线上使用的优惠券
手段四	通过在公共空间设立虚拟门店，潜在客户通过上面的二维码进入相应的购买页面
手段五	通过直接提供支付型二维码，直接完成消费

图5-13 由线下引流至线上的主要手段

2. 由线上发起的O2O引流

由线上发起的O2O引流，通常分为两类，具体如图5-14所示。

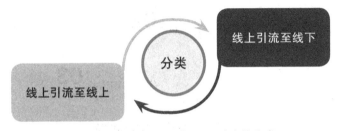

图5-14 由线上发起的O2O引流的分类

（1）线上引流至线上。如果是由线上引流至线上，则后者同样可能是官方网站/网店、移动APP/移动网店或各类社交网站上的官方账号，而前者则可能来自其他的线上平台。其方法与上述从线下引流至线上接近，只是广告、网址、二维码及优惠券可以在线上直接提供，操作上更方便。

（2）线上引流至线下。如果是由线上引流至线下，则主要的手段通常有三类，具体如图5-15所示。

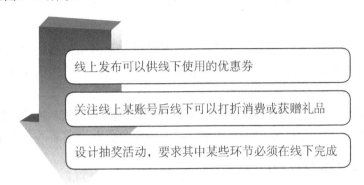

图5-15 线上引流至线下的主要手段

引流只是O2O的第一步，相应的网站或社区必须不断优化服务流程，让被引来的潜在客户能够注册并真正消费。显然，简单、实用或实惠，加上前面提到的广告、口碑或优惠券，是吸引潜在客户注册并消费的动力所在。

四、O2O营销的策略

电子商务的大发展对实体零售产生的影响日益明显。调查发现，近年来，各种背靠实体商超、以社区为依托的"网上超市"集中涌现。那么社区便利店O2O究竟应该怎么做呢？具体做法如图5-16所示。

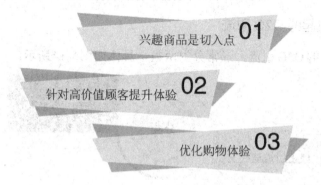

图5-16　O2O营销的具体做法

1. 兴趣商品是切入点

消费者为什么会到A店购物，而不去B店消费，排除距离等客观因素外，门店在顾客心目中的印象深浅，和此门店拥有的顾客兴趣商品的数量对顾客抉择有很大影响。所谓兴趣商品就是顾客最感兴趣的商品，几乎每个消费者都有自己熟悉的兴趣商品。

比如，有人只购买某品牌的老坛酸菜和肥肠粉丝方便面，有人只购买某品牌的火腿肠。

消费者逛店时会主动寻找兴趣商品。消费者对兴趣商品价格记得最熟，购买频率最高。人性有被认同的需求，自己喜欢的东西被认同，会产生满足感，所以从兴趣商品入手，最容易打动顾客。

O2O营销让商家与顾客建立连接的成本极低，还可帮助商家了解消费者的兴趣商品是什么，帮助顾客培养更多兴趣商品，加深门店在消费者心目中的印象。

2. 针对高价值顾客提升体验

门店每期推出DM单（邮报）上的商品价格劲爆，促销策略培养了大量只购买

"红价签"（促销）商品的顾客，还剩部分高价值顾客对价格不敏感，红色、蓝色价签不会影响他们的购物决策，他们追求品质、体验和感觉。

高价值顾客能为门店实现更可观的收益，但门店为他们提供和其他顾客完全一样的购物体验，其实这并不公平，而且门店常用的营销手段比如DM单和积分，对高价值顾客毫无吸引力。高价值顾客愿意为额外服务支付费用，那么可用O2O营销来提升高价值顾客体验，粘住他们，进一步挖掘高价值顾客的消费潜力。

比如，永辉超市的竞争力是生鲜，胖东来超市的竞争力是服务，大润发超市的竞争力是供应链和综合运营，充分粘住和挖掘高价值顾客，也能催生门店的核心竞争力。

O2O营销有助于发掘、维系、培养高价值顾客。

3. 优化购物体验

80后、90后逐步成长为消费主力，相对于价格，他们更看重体验，这种趋势越来越强，零售商不得不主动适应消费者的变化。

互联网时代连接方式变了，人性需求变了，用传统思想理解和管理员工、顾客已经不合时宜。新一代消费者看重体验，往往喜欢用"玩"的心态生活、工作。门店在购物中加入"玩"元素，才能更好吸引新一代消费者。